城市微空间的死与生

王国伟

上海书店出版社
SHANGHAI BOOKSTORE PUBLISHING HOUSE

目录

序

　　书名来自美国作家雅各布斯著名的城市研究名著《美国大城市的死与生》。在书中，雅各布斯揭示了城市空间和城市生活中常常被城市的规划者、决策者和权势阶层忽略的那些生动性、多样性、日常性内容的极端重要性，并由此断定城市生命力的真正来源。

　　王国伟先生作为一位城市观察者，受到雅各布斯的启发，从更为细小、更为生活的层面为我们展示了更为真实、更为近人的城市生命力之所在。

　　城市作为一个有机的生命体，其生生死死自然不可避免，但却是应该有一个比人的生命周期长得多得多的生命周期。在这个我们自身无法看到的城市生命周期之内，城市的生命力更应该表现在其生命体内无时不在、从不间断但却又不易察觉的细胞层面的新陈代谢之中。本书书名所称之"微空间"，即是这个细胞层面最重要的部分。城市更新不应该是、至少不应该总是大规模的、手术式的大拆大建，也不应该总是一成不变的、死气沉沉的、一切按照事先规划的、效果图式的景象。城市的生命力恰恰主要体现在那些细小尺度上的、微观层面上的非预见性的、自发的和偶然的、不断涌现的变化和持续更新的过程之中。从这个意义上来说，城市微空间的生生死死，正是城市有机体永恒强大的生命活动的体现。

王国伟先生是一位细致入微的城市生活观察者。他以极其微小而又特殊的观察角度，考察了城市空间与城市生活的方方面面，向读者揭示了那些虽然细小却触及本质的城市价值。简言概括，就是城市生活的主题——人的价值。城市的根本价值在于为人的生活和生产活动提供优质的空间。而这种空间的优质性，不仅体现在先进高效的基础设施，光彩夺人的高楼大厦和整洁鲜亮的城市景观上，更应体现在公共空间的均布与开放、公共服务的周全与便利、公共生活的优雅与温馨，以及市民大众的生存机会与社会尊严上。

　　本书给读者展示了一个高品质城市所应该拥有的空间品质和生活内涵，也反映了作者对此的深刻反思。我相信一定会让读者读有所值，读有所得，读有所思。

伍　江

同济大学常务副校长、教授

中国城市规划学会副理事长

上海市城市规划学会理事长

上海市建筑学会副理事长

2018 年 7 月 22 日

自序：我们的身体如何被
有质量地安放？

　　以地标建设为代表的城市景观化，是过去中国大陆30年城市化的主旋律。适度迎合大众的美学趣味，回应社会普遍对城市风貌提升和改善居住条件的期待，再加上各级政府的着力推动，多种力量的集合，以建筑景观化为主题的城市发生了急剧的变化。显然，城市的主体景观表达力获得了大幅度提升，市民的居住水平也得到了一定的提高和改善。但城市的个性却急剧消失，同质化现象十分严重。浮华，成了大部分城市的通用风貌和基本气质。

当大拆大建的热潮过后，看着眼前林林总总的所谓地标景观性建筑，我们才大梦初醒，它们只是满足了我们的视觉观赏和虚荣心，与我们的日常生活并没有本质关联。而被大规模改变甚至被消灭的城市微空间，才是我们长期生活与工作的地方。在社会一波又一波的争论声浪中，我们不得不调整我们关注的视野，聚焦城市微空间的死与生。

简·雅各布斯的名著《美国大城市的死与生》，其核心就是哀悼文化多元性的灭失。虽然，我们今天再读这部名著，并不认同作者的全部观点。但作者在数十年前，呼吁在纽约大规模改建进程中，应重视和保护城市多元的居住和生活方式的声音，今天听着依然警醒。因为，城市的历史和文化的多样性，才构成城市的基本价值，也是城市吸引人来人往的魅力所在。而城市文化的多样性，正是潜伏在丰富多元的居住和生活方式之中。作为数百年的城市建构过程中，最具形式感和实用性的城市建筑，就成为城市微空间的基本载体。它不但负载着深厚的经济和文化价值，而且也是人类继往开来的生命出发和情感凝聚的基础。

可是，主导城市化的基本游戏规则，就是用土地置换方式，改变物理空间的性质，获得土地增值，进而产生商业回报。城市化基本就是城市经济主义一手擎天的历史。对土地商业回报的追求，是资本的根本目的。从平面铺陈式建筑形态，到摩天大楼风靡全世界，土地节约化使用，成为柯布西耶们推行摩天大楼建设的正当理由，也就顺理成章成为城市化胜利的显著标志。

诚然，技术维度和经济维度一直是一种显性的力量，主导着城市化的进程。而深藏在城市物理空间下的人文维度，虽然时不时地跳出来，与上述力量进行博弈，但在强大的资本面前，这种声音极其微弱，甚至不免被人视作矫情，影响力也很微薄。以身体和心灵构成的人文维度，在城市化进程中，被严重忽略，甚至缺失。可是，对每一个生活在城市中的活生生的人而言，除了一时的景观式观看满足之外，更需要的是那些与身体保持亲密接触、日夜相随、深居其中的城市微空间。这些安置身体的微空间，应该是有人情味和烟火气，体温和室温适度混合，进一步生产出情绪和能量的生活和工作场所。微空间才是与人长期厮磨的地方。

因此，当我们进入精细化的微空间改造更新时代，首先需要建立和强化身体的维度，也就是人的维度。城市跟人一样，也有生物性规律，也有生命周期。缘起、发展、成熟、衰退，是自然现象和基本规律，城市要发展，空间改造更新就成为提升城市层级、品质的基本手段，也是城市承上启下阶段式发展的主要方式。而改造更新的主体对象一定就是遍布城市各个角落的微空间。

城市微空间改造更新，必定涉及方方面面的利益和需求。改善居住环境和提升利用价值，是大部分人的基本需求。涉及与人的身体紧密相关的基本需求，就会产生各个价值群体和利益群体的矛盾和冲突。人们改善居住环境的急迫性，显然是城市改造的主旋律和主流需求，在这个利益和需求博弈结构里，资本就似一只无形的手，它可以超越复杂，以更加简单的方式解决问题。因此，粗放的推土机方式，总是最有效地被反复利用。但是，随着大片旧区拆迁改造，我们亲眼目睹大量有价值的建筑和文化符号同时被摧毁，更加表面化的城市标识取代了有历史感、沧桑感的认知系统，同时也消灭了不少应该保留的生活方式和文化多样性，这是早期城市化的代价，十分令人遗憾。

随着城市化的深入，精细化更新将成为常态。从过去的建筑单体（盆景式）保护，到现在强调的片区（生态式）保护，体现了历史的进步。而这个认知的提升，关键是把人的要素放在了重要的地位。向人的本质需求回归，是新时期城市改造更新的思维起点。保护历史和文化生态，更多的会体现在城市微空间的改造更新之中。解决并提升人的居住和工作场所的质量是基础，但人既是生物的，也是精神的。刚性需求和柔性需求会根据不同时间和条件适时转换。当满足了吃住基本功能后，人的柔性需求会上升，甚至转换为刚性需求。比如场所的艺术内容植入、空间尺度的舒适度、人与人交流的空间匹配度等等。这些内容都跟物理空间建构紧密有关，一些即时的空间和内容建构，随着时间的延伸，会与人产生很强的黏合力，甚至成为人们心中对一个地方和场所识别的标志。因此，这也就成了人的生命延续的一部分。为什么我们强调对历史微空间的保护开发需要谨慎，也就是需要慎对我们的生命记忆，也是慎对城市的未来。虽然，已经有许多有识之士和有情怀的资本，如梦想改造家等，以民间力量的行动性和执行力，为我们提供了不少有效的实践示范样本。但是，这还远远不够。出于民间热情的保护行为，依然是脆弱的。只有政府、资本和社会各方面形成共同的认知和行动自觉，尤其是需要立法和执法的共同到位，这才可能成为长期和可持续的社会整体行为。

城市微空间的保护更新，将是未来城市化的重要内容，需要建立思考高度，明晰更新保护开发的基础概念，那就是着力保护人们的历史记忆和情感触点。因为葆有精神内涵的物质细节会让我们重温过去的岁月。我们并不拒绝城市化，也欢迎新旧更替的城市变迁，但在城市微空间改造更新中，应该多一点历史的温情和人性的温暖，否则，乡愁就是一条回不去的路。

天堂很远，书店很近

　　作为文艺沙龙的替代品，当代中国独立实体书店正风起云涌地发展。19世纪的文艺沙龙，生产的是思想、艺术、观念，引领的是一个个文学流派和艺术潮流。而当代实体书店生产出的却是消费力，建构的是当代社会消费图景。作为一个微型社会性空间，独立实体书店里的所有东西都是消费对象，当然包括图书和文化环境。因为这种形态的文化空间正批量产生，就具有了文化的象征意义，至少能让我们在文艺沙龙的历史怀旧情境中，又看到了文艺沙龙的雏形和替代形式的空间实践。

这次独立实体书店成规模化批量出现，显然不是传统书店的复苏，而是一种新的空间形态的建构实践。当我们经过了30年城市化大拆大建改造，终于迎来了城市精细化、微空间更新转型的拐点时节，而这种整体性转型的认知，正成为各种社会力量的普遍共识。从社会层面看，这次独立实体书店十分高调、并成为一个炙手可热的现象级的空间建构形态，倍受媒体和大众关注，显然，这是来自社会各个层面的合力推动所致。首先是来自政府的文化扶持的积极性，近年来，各级政府对文化空间扶持力度在不断加大，并成为常态。同时，城市化进程发展到今天，社会、市场以及人的消费层级的提升，共同推升出一个融文化、消费于一体的新型空间的需求。人们在互联网和虚拟世界待久了，还是需要面对面的接近性交流，就如吃饭和做爱还不能被虚拟一样。因此，当政府从规划、政策、资金等诸多方面的支持加强时，社会就自然产生了强势呼应，政府与市场需求的互动，就成为这个业态成型的主要推手。同样，作为受电商冲击的实体商业场所不断衰退的自救手段之一，恰好与政府普遍鼓励的文化干预方式交集，书店的文化符号就成为大部分商业空间自救的救命稻草，并带来了暂时的生态疗效。正是基于上述宏观背景，无论大到数千平方米的诚品、方所、吾同书局，还是小到几十平方米的半层书店，独立实体书店的经济结构和商业定位，基本都是文化地产模式、形象工程模式、异业搭配消费模式或小资情调氛围模式等四类模式的混合。起源于地产模式的诚品书店，做出品牌和影响力后，扩张时就有很强的场租议价能力。上海高大上的建投书局，黄浦江边一流的江景书店，就是企业的形象工程模式。还有政府资金补贴模式、商业空间减免租金模式、其他资本和其他业态互为消化补贴模式等等。现代独立实体书店，解决了传统书店最承担不起的店面租金后，就如释重负，就有能力在空间构造和产品设计整合上发力。

当代中国，我们曾经历了很长的观念强制性植入的历史时期，这是一个人被不断抽象化的过程。而这种从形而下到形而上的抽象，显然与笛卡尔坚持的"我思

故我在"，有本质的区别。笛卡尔主张的是精神理念的主导性，在理念的主导下，人的身体被搁置，成为多余的身体。而我们数十年的被观念化，却充满着历史虚无主义的悲剧色彩。因此，对大部分国人而言，这种抽象，包含的是身体与精神迷失和灭失的过程体验。被强制去肉身化的痛苦经历，作为一个沉痛的历史悲剧，都不堪回首。因此，当消费主义及时唤醒意识，找回身体时，社会自然就进入一个身体消费的狂欢时刻。这也许就是一种历史的轮回，和对过去压抑年代的报复性反弹。

后工业时代，世界经济学界和产业实践，都普遍认为消费才是真正拉动经济的那只手；而社会学和人类学却认定，消费不但是个人行为，更是社会行为。主导消费行为的其实是文化方式。因此，后工业时代的最大变革就是消费观念和行为的变革。当上述两个维度，从社会外部性到空间内在性，都不约而同把消费力集聚和消费扩大作为目标时，具有进步意义的社会性评价体系也就顺利建立。因此，拯救这个世界的重任，无可厚非地搁在人类的消费行为上，"浪费是生产力"就成为这个时代的真理，消费的可持续可循环就是消费经济追求的境界。为了让消费添加文化内涵，因此，贴上文化符号的独立实体书店，逐步走红并产生影响力，正是对接了这种消费境界建立的社会需求。

独立实体书店作为当代新型文化空间，首先是安放身体的。只有让身体舒坦了，灵魂就被顺利安抚了。而感官化、情绪化的身体，第一个与其发生关系的一定是环境和气氛。因此，这些成功的独立书店都能别出心裁地去寻找能实现他们形式审美标准的建筑，比如工业遗迹、有历史感的老房子、不规则的内部空间都是这些书店的选项。因为这样的建筑不但能满足空间设计的艺术要求，而且对消费者来说，奇特才让他们产生兴趣。空间环境和气氛，除了建筑形态和设计外，还需要匹配内部设计和装修，包括色彩定位、家具风格、音乐类型、香薰品质选择等，其物理设计、产品整合、服务方式，整体构成空间气氛，这些都紧紧围绕着身体性这个核心元素而展开，此时身体感官包括视觉、听觉、嗅觉、感觉都全部打开，就会形成身体的感受性。当感受好就会在内心指认这是可常来常往的地方。

　　当然，独立实体书店毕竟是一个消费场所，消费是其基本职能。被身体消费的第一对象就是空间气氛。目前成功的书店，基本都有自身独特的环境气氛设计，着力做好空间气氛的营造，以形成温馨迷幻的消费气氛，能调动人的情绪。随之，空间既是围绕着消费展开的身体活动，身体就有消费多元和丰富性需求。大凡成功的实体书店，书基本是空间的主体文化符号和气氛背书。书具有的神性价值，使得空间的文化性和命名得以顺利实现。但作为商品，书在空间消费物中，却退而求其次。在空间布局上，虽然绝大部分书店还是会强化书的符号，但书所占物理空间的面积比例，一般都在50%—70%左右。从空间面积分配到产品种类及数量上，书是空间消费的主要产品之一，并争取与其他相关产品互动。"书店+"成为主流，异业混搭和组合消费是基本业态模式，如书店画廊、书店咖啡馆、书店服饰店、书店式居家用品店等等，虽然都以书命名，但卖的却是让身体满足的系列相关产品，如咖啡茶饮、蛋糕点心，还有各类高质量的文创产品、书和艺术的实用衍生品，甚至还有带有文化符号印记的家居产品。与书店的文化和消费定位匹配的多元销售，是目前独立实体书店的基本经营方式。但无论产品有多少，组合方式各异，都必须坚持以书为标准的品质，否则，文化品质的降低，不但伤害身体的感受性，而且会伤害消费者的美好想象。

在当代消费语境下，身体以日常生活的方式，被有效组织到这些书店空间来，这是当代实体书店成功的第一步。这些书店犹如私人客厅和书房的物理性外延。当人们舒服于这种空间的交往，就会从生理距离的合理调适中，产生良好的心理感应，空间就成为具有一定"私人意义"的公共空间。而这种"泛私人性"受到趣味和价值观的影响，因此，每一个书店都有不同的气氛和不同的人群聚集，这种空间性聚集，不但对社会进行了有效的分众，也对接了圈层化的社会生存组织趋向。因为，每一个类型或族群，都有相似的气质和趣味，而这种趣味共同体，是通过生活细节和文化品位相遇，犹如一个细节甚至一个暗示，在向其同类招手。当同一类型的人集聚，就犹如自身镜像的再现。这种"泛私人化"的文化空间，还是一个吸纳情绪的弹性空间。当人感到孤独时，环视周边都是同类，就获得心理暗示和慰藉；当人需要安静时，周边人就都成为不发声的气氛背景。而这一切，都必须集合在书的符号之下，空间才能有想象力，空间才得到文化上的默认。书具有让人安静和温暖的天然属性，因此，书店自然就成为当代人的心灵栖息地和休憩的理想场所。

显然，实体书店空间建构的是当代消费精神。消费精神作为这个时代的主流精神，需要找到俗世化和具体化的实现路径，独立实体书店就成为其落地路径之一。当书店依靠智力和物力的合作发力，实体书店就成为消费精神准确的表达空间。当表达不断展开，并以身体感官的方式互动，就构成了一个生命的能量场，人的不断流动就产生气场。人与空间的良性互动，是实体书店的主要特征。因此，书店的空间消费精神建构首先在于人性化、活化、在地化三个原则的同构。人性化，是通过舒适、轻松、知性三位一体的空间定位体现，这也是区别于其他空间的主要特征。而鲜活的空间气氛和消费产品提供，加上有趣的形式感，才能让消费者与空间产生互动，互动使得空间活化，空间消费才可持续。任何一个空间，无论是从物理空间层面，还是文化空间层面而言，它都是属于地方的，因此，无论是本地人还是异乡客，来到独立书店空间，都是来感受此时此地的。因此，从物质形态到空间气氛，其整体的在地化空间呈现，是空间建构的灵魂。而在地化的核心表达，是通过地方文化＋圈层品位＋生活方式的组合再现而到达的。当这种在地性做到极致，反而就具有了世界性和国际性。

当上述的物理空间打造后，其合适内容的选择和服务的提供，还需要有合适的人来链接。因此，当代实体书店必须遵循知识性、专业化、管家式的服务方式，突出书店独特和个性化的服务品质。书店以书立足，因此，知识性服务提供是第一标准，书的文化特征被彰显，是通过形式外化的知识营销，和独特的空间感受组合来完成的。知识性服务员素质，虽然有可能卖的是物质产品，但书店服务的专业化，才更能体现一个有充分知识含量文化空间的服务素质，才更能把空间与内容、服务统一起来。同时，在知识性和专业化服务上，还需要嵌入管家式服务特点。优雅、温馨、体贴为特征，贴心、跟随、一对一跟踪服务为形式，是当代消费精神的核心品质之一，才会让消费者身体感官得到完美的满足。

在身体性满足为核心的消费图景中，图书已归位于消费品行列，图书也只是众多消费品之一。事实上，以市场的方式，独立实体书店空间让图书摆脱了传统僵化的管理和消费模式，图书在消费者意识中，无异于其他消费品。图书作为一种信息消费，也真正融入了大众的生活。以消费力量命名的图书商品化属性，不但体现了社会的进步，也实现了图书消费方式的市场化回归。依靠身体感受和体验而作出的市场消费行为，也就顺利地实现了商业逻辑和文化价值的进一步融合。

当代独立实体书店，还超越了传统层级观念，打通了个人、阶级、私人、家庭等诸多社会阶层和组织方式。并在消费平台上，基于生活、文化价值的一体化，开始重构新的社会分层方式。各阶层在这个空间自由融合，不但适度消解了因城市憋屈狭窄的空间所产生的身体性冲突，也通过俗世化的身体话语的渗透，抵抗着另一种庸俗的意识形态的侵入。不但创造出一种新生活和新消费特征的权力话语，也提升了社会文明化交往的程度。这种空间交往和身体消费，虽然依赖的是身体感受的一致性，和文化趣味的合群化，看似又是一个从具体到抽象的轮回，但这毕竟是从既定社会制度中抽取的一次合乎人性的抽象，而这种微空间重构和更新的社会表达中，还闪烁着暖暖的人性和谐之光。

显然，书店在拉升空间的文化高度、黏合人群、适当延长人的停留时间等诸多效应之外，书店还在消费行为中，输送出一种文化情怀。消费中的"浪费"，消费的可持续循环，在符号化的当代实体书店空间中将继续演绎。

当完成了这种私人与公众、个人需要与社会需要之间的接合，空间就生产出现代消费为特征的社会交往制度和令人愉快的新形式。作为沙龙文化的替代模式，当代实体书店虽然还没有到达文化创造的高度，但其消费的包容和交往的合理，就自然转化为某种社会政治的合理性。

风光的迪士尼和衰败的"大观园"

  经过长达 10 年的规划和建设，迪士尼终于十分风光地登陆上海滩，不但快速占据了足够多的媒体版面，也强势吸引着大众的注意力。从迪士尼的开业运行情况看，其市场号召力非常强劲，无疑会成为一部大众娱乐化的吸金机器。面对迪士尼的风光无限，不由得总让人想起数十年前，京沪两地也曾轰轰烈烈过一阵的大观园项目建设。可如今，不知还有多少国人记得京沪两地曾有过的大观园？尤其是年轻的 80 后、90 后、00 后群体，大观园也许就根本没进入过他们的视线。昙花一现的大观园，当年修建时就有人曾放豪言，大观园将成为京沪两地最具文化特质的高档休闲场所，将给京沪两地带来文化消费品质的引领。而残酷的现实却是，大观园早就淡出世人的眼光，冷清孤守一隅已达数年。

从迪士尼和大观园的消费层面上看，迪士尼试运行期间成人票价499元人民币，是大观园60元门票的8倍；迪士尼游园消费平均时间为8小时左右，是大观园平均2小时的4倍；那么，在游园中还会产生连带消费，迪士尼的人平均消费额就远不止499元，甚至是数倍增加。显然，对于一个娱乐场所而言，价格并不敏感，高价格并没有形成高门槛。同时，从消费者入园和在游时间的长短，却能分辨出空间建构质量的高低差异。因为，消费者是十分现实的，想留住他们，并让他们愿意消费、持续和循环消费，是需要营造他们发自内心愉悦的气氛与空间，才能不断推高他们的游玩兴趣和消费冲动。那么，娱乐场所该如何建构消费者持续和循环消费的足够理由呢？

大观园是从中国古典名著《红楼梦》中移植一个经

典园林符号，让其实体化空间再现，建构理由足够充分，大观园也提供了可以当代再现的丰富内容。而迪士尼则是一个现代人想象出来的儿童乐园的形式虚构，从两者形式表征上看，似乎不具比较性。但作为一个对接当代人娱乐需求的娱乐场所的建构而言，就有了可进行比较的东西。因此，本文拟从一个当代娱乐场所的建构，需要关注并着力解决哪些核心问题展开分析，并穿越迪士尼和大观园的商业消费的表象，进入娱乐文化深层建构层面，就能十分明显地感受到其中的本质差异。那么，导致这两个娱乐场所水火两重天的境遇的内在原因到底是什么？

身体感受：空间建构的原则

一个提供当代人娱乐消费的地方，市场消费模式预设的前提是文化定位，而文化定位的核心是人的定位。空间规划和建筑布局，需要准确地体现人性尺度。文化娱乐空间是为人而设计的，人的感受就是空间设计的核心诉求。作为设计的原则坐标，人应成为十分重要的指标考量。虽然，"人的感受"似乎是一个抽象的表述，但它却包含着十分丰富的内涵和具体内容。"感受"首先是身体性的，身体作为一个物质存在形式，需要相应的空间安放，而娱乐场所就是身体寻求轻松和愉悦的地方。如果娱乐空间结构对于此在的身体需求是合适的、匹配的，空间就会对身体产生进一步的安抚性，进而，人的身体就会出现各种相对的反应，这就是娱乐场所建构需要追求的身体性正面反应。当身体产生正面反应，就会通过情绪的累积，产生美好的联想，当这一系列心理图式的形成，就会到达心理愉悦层面。因此，身体的感受性，是娱乐场建构所需要追求的首要目标。

人作为娱乐场所的消费主体，消费者身体在进入的同时，事实上也参与了空间的建构。人们出于寻求轻松和愉悦的体验来游园，其基本通道首先来自身体感受性。身体是一种物质构成，通过六官（视、听、嗅、味、触摸、心的感受）的感官化反应，形成与空间环境的初级心理链接。在此，娱乐场所的"感官化"，不是一个社会学负面词语，而是一个心理学的判断，也是娱乐场所建构的必然路径。娱乐场所开始于人的身体感官化模拟，才能通过感官化，转换为从身体到达心理反应。因此，一个成功的娱乐场所建构，是需要进行人的身体性实验和充分的测试，才能找到与身体感官最佳的形式对接。

迪士尼显然是设定并形成了与身体感官化愉悦反应相对应的空间形式。其娱乐场所内各种引导性路标，和主体内容的呈现符号，都不抽象易辨识，此时的人，只想轻松和简单，让人一看就明白，是基本需求，顺便触发其想象力就行。从迪士尼六大主题园区的名称：米奇大街、奇想花园、探险岛、宝藏湾、明日世界、梦幻世界的命名中，我们不难感受到这些主题命名中，有很强的身体性基础元素在主导。迪士尼十分明确地给出了一个个与自然对应的人造空间。其六大乐园的核心词都是空间性词语，如大街、岛、湾、世界等，这些关键词还都是地点名词，虽然各个空间所指称含义有大小，但都是一个可以摆放身体的地方，而且是一个让身体感到安全，并可以自由流动的地方。

我们反观大观园，其关键词命名就是时空偏移的，一个个历史固化的建筑，以单一历史建筑命名，而这些建筑来自历史，不但拉开了与消费者的距离，忽略了消费者的内心需求，也没有建构当代消费者想象力黏合的路径。其实，作为经典文学中建筑意象的形式外化，大观园最需要的是回避孤立而刻板的概念，需要建构与当代人对接的身体性感受途径。僵硬的历史符号需要被时代的内容软化，显然，大观园在设计和建设之初，没有此项考量和测试。因此，消费者与大观园粘连的支点的缺失，园林与身体就被完全割裂，大观园空间人的主体性被弱化。当身体性丢失的同时，也就丢失了娱乐性的基础。

好奇心：应被充分激活

迪士尼中典型娱乐符号的命名，充分尊重了儿童的心理审美需求。所有符号的引导性和主题建构，也是通过儿童视角体现其价值的。娱乐是人类精神的原乡，回到童年、不忘初心，永远是人类永久美好记忆的源泉和起点。迪士尼带有强烈的孩童特征的符号定义，看似是为儿童定制的娱乐空间，但是，每一个在此游玩过的成年人，也并不反感，而且绝大部分成年人都能融入其中，因为成年人更需要这种轻松的享受，顺便回应孩提时代的单纯和美好。回到单纯的童年时代，这是人人向往的一种乌托邦，现实世界却是不可实现的，那么，迪士尼就给你创造了这一短暂的带有幻想性质的享乐空间，给你创造了一个时光倒流的美好体验。

人的想象是通过好奇心催生的。好奇心不但是当代人思维和创造力被激活的起点，也是激发游园兴趣的心理本能。迪士尼主题乐园的定义符号中，包含着神秘性和诱导力，其内容设计，始终紧扣好奇心而展开。好奇心是与生俱来的，是人的天性所致。迪士尼看似为儿童定制，其实更是设计了一个成人化的童话乐园。因为，游园动机和行为发生，儿童只是消费行为发生的被动者，而决定是否出游，是父母（成人）的特权。因此，在决定参与一个漫长的消费时间（基本都在 8 小时以上）和不菲的消费水准活动时，只有父母做出适当的评估后，才会决定是否付诸行动。因此，仅满足儿童身体性游玩是不够的，也得让陪同的父母同时产生一种想象力和智力收益，也就是说，在游玩内容中，植入能开发儿童视野和智力开发的内容和项目，比如旋律好听、形式唯美的经典音乐剧，比如主题健康、宣扬真善美的童话故事的形式化，寓教于乐，成人（父母）和孩子都能获得艺术素养和美学品位的提升，才是真正吸引游客的原因。

当人的好奇心被激活并导入一种单纯美好的享受时，人就会暂时忘却世间的杂芜和不快。心理专注享受乐园提供的快乐，就得到现实生活无法给予的心理愉悦。当物质性身体感官，通过好奇心的引领，产生与环境互动的精神性通感，就顺利地把感官化的反应导入人的心理感受空间，此时的身心合一才最终产生。

相对迪士尼，大观园的建筑命名过于沉重。过分的成人化视角的学理设计，不但造成儿童主体性被严重忽略，也使得娱乐场所寓教于乐的基本功能完全没有体现，这种空间设计严重背离了娱乐场所的基本使命。试想，当一个还没读懂《红楼梦》，并不知道大观园为何物的孩子，怎么能指望他在大观园中产生好奇心和想象力？诚然，不面向孩子和年轻人的场所设计，怎么会拥有消费的未来？

空间活化：凸显生命的存在感

空间活化还是僵化，是验证空间生命力指数的具体标准。迪士尼十分讲究户内户外同构其空间的整体性。而只有户内户外达到精准有效地互动，才产生活化的空间气氛。这种看似简单的空间规划和布局，其实，是以科学的设计作为前提。户内户外的比例，建筑之间的关系与距离，都必须严格地测试，建立在十分科学的身体感受尺度之上。显然，迪士尼的空间尺度安排，是经过很长时间的实践所产生的合理建构。户内户外的空间比例，并不仅是单一的空间规划设计，而是与各自的功能和必须填入的娱乐互动内容，形成内在的有机对应。迪士尼的户外娱乐活动比例，大约占到整个娱乐内容的30%左右。除了追求蓝天白云和阳光下，人会十分的放松和惬意的游园境界，同时，设定这个比例，既满足于身体对自然和光的感应需求，也可减缓户内活动过长产生的压抑感和沉闷。一般而言，空间配置合理，人的愉悦心理感受会被放大。当然，迪士尼的户外活动被严格控制在30%左右，也是为了防止雨雪、酷热严寒等极端天气的不良感受。即使碰到天气不好，70%的室内空间活动，也能满足消费者的基本需求。正是由于这样的需求，迪士尼选择建立地点时，会有当地气候和气温的考量（好像这也是迪士尼选择上海，而没有选择北京的一个理由，因为北京的冬季冰天雪地，无法进行户外活动）。户外活动作为户内活动的重要补充，不但与户内形成互动，而且也是一个个户内空间的过渡，形成游玩的节奏感和舒缓性，是空间有效活化的润滑剂。

显然，在空间规划上，迪士尼遵从了人的体验需求，追求感官与心理的正面平衡。当人被设定在一个专有路径中，结果就会直接反映出舒服还是不舒服。迪士尼把娱乐内容合理导入其游园路径的设计，园区之间的过渡性户外行走，都被设计成游园的有效补充。户外游走、休息行程中，除了周边的建筑和娱乐符号，让消费者目不暇接外，让人装扮成迪士尼动物形象，让这些典型符号动态化，消费者可以稍息驻足并与其合影，达到调节性休息的效果。迪士尼的衍生品、礼品店的位置设置也十分讲究，一般文化娱乐场所的礼品店会设置在游园出口处，但迪士尼的衍生品店却是分布在各个主体区域内，不但把各个主体园区内容和衍生品消费合理对接，由于其空间位置的有机镶嵌，让衍生品消费也成为游玩的一部分。这样看似有意打断了游园过程，但效果极佳。看似一个个简单的消费内容植入，让消费显得自然，所产生的效果却能避免游客行走的乏味，特别是身体与空间互动与互补，会使得能量加持。衍生品消费场所的设立，事实上也成为休息和补充能量的地方。

这一切户内户外的活动组合，都十分强调消费者的参与和同构。空间活化的目的，需要推升人的情绪，构成消费者进入娱乐的高潮，产生心理愉悦的爆发点。因此，户外活动往往成了户内活动爆发点的预热。迪士尼的室内音乐剧，往往安排在游园空间的尾部，就是需要在视听效果极佳，耳熟能详的经典旋律中，到达空间互动活化的顶点。

而大观园固化的物质性建构，忽略了身体的动能，区隔了人的身体与空间互动的黏性。僵化的空间，没有活化的空间设计和内容的导入。

不可忽视娱乐方式的当代性

娱乐空间，是让人回到人类精神的原乡。娱乐性是要创造文化上的礼乐风景，让人找回生命之乐的心灵归宿。娱乐空间是为娱乐性而建的，而娱乐品性和品质，需要通过消费空间来实现。因此，世俗化的娱乐看似满足一时的身体感官体验，其实是精神皈依的实现方式。从这个意义上而言，娱乐是人间的一种精神。

在实现从身体到精神性建构之路上，首先需要建构娱乐方式的当代性。不容置疑，迪士尼的主体消费者是年轻人和儿童，父母只是陪伴者。而年轻人的消费愉悦和满足感，决定着这个空间的未来命运。充分娱乐化的迪士尼，其形式和使用语言都在随着时代不断转型和完善。娱乐场所不是学校，应避免刻板的说教，也没有更多试错机会。寓教于乐的精神激发、知识涵养的适度挥发，都凝聚在好奇心探索的过程之中。今天，我们处在图像化的世界中，需要准确建构世俗化造乐图景，激活消费者的动能，让消费者能冲动地融入消费行为中，产生瞬间的陶醉。因此，一切语言方式，都是建构在身体感官之上，如何有效利用现代技术，通过声、光、电的语言方式，催生人的说、唱、喊身体状态产生，张扬空间造乐气氛。强化当代技术和娱乐语言的有机结合和有效使用，实现消费者与空间实现能量转换和交互，是当代娱乐空间的基本职能。绝对的嗨，通过宣泄，淘空心理负面堆积物，到达绝对的心静，以实现物极必反的身体状态的反转，是娱乐空间的设计境界。这种境界的典型标志，就是在空间中实现时间行程的建构。

当然，当代娱乐方式特点之一，也体现在消费的多重组合上。从物到人、从身体到精神，都需要落在具体的消费物上。环境的消费是短暂的、即时的，让一次性短暂的消费，产生时间性记忆和留恋，就必须提供与记忆对接的物和形式，我们不可否认，出于这种效果追求，迪士尼的衍生品开发和远程消费是一流的。让每一个消费者都把购买衍生品作为游园消费的结束方式和情绪延伸，这些衍生物就顺利成了消费者未来的记忆基因。正是从这个意义上看，大观园的娱乐性，根本就没有建立。

由此，我们可以清晰地认知，娱乐场所及其空间设计，看似物质和商业行为，其实，这种商业模式明显受制于文化这只隐形的手。作为现象级的迪士尼和作为失败样本的大观园，两者的比较分析，给予我们最大的收获是，娱乐是人的本能行为，娱乐空间，就成为当代人娱乐精神的原乡。

艺术展览是否该下榻商业空间？

近年来，随着画廊纷纷开进商场，一些顶级艺术家的特展也一个个挺进大商场。2014 年的莫奈大展在上海淮海路 K11 商场成功举办，一百多元的门票已经直逼故宫的票价水平了。因此，2015 年秋至 2016 年春，就有"米罗制造——梦幻版画体验展"在静安寺顶级商场芮欧百货公司开展。同时，还冒出两个达利大展同场竞争的局面。一个是莫奈大展的主办方，此次他们将达利特展送进十分豪华的上海外滩 18 号；另一个就是当年莫奈展的场地方，这次直接在自家 K11 场地操办达利艺术展。这两个展品规模基本相当的展览，在同一个城市同时开展，历史上也不多见。显然，两个莫奈大展曾经的合作者，从莫奈大展万人空巷的人气和热闹中收获了自信，以至于不惧怕展览撞车。还有刚结束不久的，上海新天地太平湖边搭棚的不朽的梵高特展，尽管只是影像展，依然人气爆棚。可见，不管我们是否愿意，商场艺术展览正成为当代艺术商业化的一种时髦潮流，向我们蜂拥而来。

"艺术展览＋大众消费购物中心"，正成为商场展览的一种成熟模式全面扩张。其实，这种艺术展览实践，发展至今天，也有一个缓慢实验的过程。从早期的文化艺术沙龙，到近期的沙龙式小众展览，这些展览作为商场展览的前身，都不在传统美术馆举办。它们往往选择的是公寓式酒店，或一些顶级宾馆、会所等小众场所，举办一个与这些场所消费者趣味匹配的主题艺术展，除了利用这些特殊场所原有的消费者资源外，也会特别邀请跟这些艺术品和场所相同品位，并有艺术消费能力和消费动机的客户来参加。"邀请"就成为一种标准，兼顾学术和商业双重考量，故意形成一种层级式示范，进而让参观者和消费者产生自我满足。潜伏在学术标准下的商业诉求，决定了这种展览只需要在有商业价值的小众群体中传播和流转，以获得相应的商业回报就行。这种亦商亦文的展览动机有其尴尬的一面，因此，展览主办者需要花力气协调好参展艺术家的内心诉求和观众满足之间的矛盾，所以，早期的这些展览不免有点暧昧和躲躲闪闪。但这种小众沙龙式主题艺术展览，其有效实践还是较好地平衡了艺术与商业的关系，获得了不错的展览和市场效果，为艺术展览走向商场、彻底地面对大众提供了有价值的意义考量和运作经验的借鉴。

综观近几年风起云涌的商场艺术展览，已经逐渐形成了一个稳定的套路。展览对象或展览主题必须是大众知名度高的艺术家或艺术主题，办展的商业场所，必须是地处市中心或地标性商业场所，公共交通方便、人气相对丰满、商场品味和定位相对匹配，这些都是考量的重要依据。除了一些常年在商场经营的画廊（这些画廊往往被市场界定为商业性画廊）之外，商场展览主要以艺术特展形式举行。因为，高质量的艺术特展容易引起媒体关注和兴奋，再加上媒体的给力传播，又能快速在大众中形成热门话题和热岛效应，这基本是商业展览成功的唯一运作路径。

但是，商场艺术展必定还是姓商，我们并不怀疑商场打出的"扶持艺术、艺术人文关怀"等标签性口号，但商业诉求依然是其办展的核心诉求。因此，如何把商场原有的客户资源和业态资源与艺术特展形成内在勾连，产生相互推动的合力，是商场展览设计时首要考虑的因素。如2010年年底开业的上海大悦城艺术展览与其小清新路线匹配。最成功的当属每年到场的几米展，2011年"完美小世界"、2012年"几米星空展"、2013年"几米角落展"，四年的坚持，大悦城依靠几米展的艺术符号，强化了其时尚小清新的商场定位和符号认知，获得这个消费群体的高度认同。还比如，"金桥国际则利用艺术装置将商区打造成森系风格。商场在中心花园广场造起一座6米高的景观凉亭，用无须任何培养基质的气生类植物老人须繁织而成，形成一个无根的森林景色"，正是这个特别的艺术展，才让人们知道了金桥国际。而2014年举办莫奈大展之前的K11，绝对不是人气最旺和业态最好的商场，而莫奈大展之后的K11，已经是知名度最高、人气爆满、消费水平很高的商业中心了，真可谓一夜爆得大名。事实证明，只有艺术展览才能快速提升商场的消费品位和档次，并使这种效应不断放大和延伸。

商场艺术大展，其实是商业空间内容的局部挪用和置换，当物理空间顺利植入艺术展览内容，不但直接改变了消费者的消费感知体验模式，也重组了消费者的消费预期、消费结构和消费动机。进而通过艺术消费的介入，重塑人、物、空间的特殊时空关系。因为，艺术展览会使固化的商场空间模式调整为可变的动态模式，形成特殊的消费观看路径，无论消费者是出于哪一种目的走进这个商场，客观上会让艺术消费和其他消费形成互动。虽然，有的消费者会随意一瞥，或边走边看，但正是这种相互边界在消费者随性的步伐中滑移，关系的不稳定反而造成了观看者的轻松和随意。而这种轻松平等的观看交流姿态，不但是体现了当代人的价值诉求，也顺利消解了传统美术馆中，由时间、知识、历史和人为造就的距离感，把艺术观看推向一种娱乐境界，完成了艺术与商业的和解，也不失是艺术民主的新实现方式。

虽然，这种娱乐大众，过于表面的大众狂欢，降低了艺术的层级，失去了人们面对艺术时，应保持的敬畏感和沉思态度等，让我们稍有不满。但 shopping mall 更加齐全的功能，更具时代性的营销，让消费者吃喝玩乐购的同时，还能得到精神上的享受。事实上，把艺术展览有机嵌进商场消费产业链，不但能增加消费者与商场的黏合度和美誉度，而且消费者数量就成倍量递增，这种十分有效的商业动员能力和聚集能力，不正是我们非常期待的大众艺术启蒙的有效途径？而这样的大众启蒙效果回报率，也足以抵消我们的些许不满。

虽然我们得承认，绝大部分商场在艺术展览的空间安排、技术、服务水准上是不高的。即使是轰动上海滩的莫奈大展，K11 的展览场地也存在空间狭小、展览场地高度不够、灯光不专业、出口和进口局促等诸多专业问题，这些问题充分暴露出相对于专业美术馆，商场艺术展览的专业弱势。但不可否认商场艺术展览，作为一种当代艺术商业化的成功实践，从气势和大众影响力上，已经展现出超越美术馆的趋势。作为大众艺术启蒙的有效途径，我们真不必苛求这种展览的专业性。作为对专业美术馆展览的有效补充，商场的艺术展览，虽然有媚俗之嫌，但附着在商业利益追求上的显性目的，还是属于大众启蒙。

事实上，当今商场艺术展览已经与专业美术馆形成分庭抗礼之状。美术馆该做却没做到位的经典艺术大众传播和教育功能，被商场艺术展览顺利接管并整体外移。火热的商场艺术展览，进而反过来倒逼我们的国家级、省市级等诸多高大上的专业美术馆，在当今互联网和后现代条件下，该如何变革和转型？原本专业美术馆应该以更专业更高质量的展览，吸引专业观众，与商场艺术展览形成错位竞争和互补。可我们绝大部分美术馆，至今没有自身的学术定位和艺术风格定位，没有独立、权威、专业的艺委会，更没有形成自身的办馆战略，也没形成稳定、合理的财务来源。因此，我们就会经常看到不伦不类的双年展，或者就是打一枪换一个地方的间歇性办展方式。甚至，有的所谓高级别的专业美术馆，官气十足，管理者个人意志跋扈，美术馆沦为少数人的专业工具，根本没有公共机构的公共性和公正性可言。一个价值观破碎的美术馆，是无法专业起来的。所以，与其面对这些所谓的"专业性"，我们宁可呼唤接地气、给大众带来欢乐的商场艺术展。因为，正是专业美术馆的普遍缺位，才创造了商场艺术大展更多更广阔的市场机会。

乡愁，不该是一条回不去的路

　　遮遮掩掩数年的上海老式建筑群建业里改造项目，终于将拉开面纱，面见世人。建于 20 世纪 30 年代的建业里，地处上海市徐汇区核心位置的建国西路上，典型的中式建筑风格以及其长期形成的生活形态，在周边丰富多元的法式小楼的包围中，独显其特殊的建筑和形象风韵。因为其醒目的地标价值和独特的建筑形态，早在 1994 年就被上海市政府列入上海的优秀建筑保护名单。2003 年，作为上海市历史文化风貌区内街区和建筑保护整治的试点项目之一，建业里被列入市房地资源局全市保护利用的重点工作。因此，在 2008 年建业里保护和改造项目启动至今，一直受到社会的普遍关注和期待。

历史上的法租界，由现在的徐汇区和黄浦区、静安区的一部分组成，这个区域优秀建筑多，而且丰富，是上海人心目中的高尚居住区。由于这个区块集中了非常多的历史保护建筑，在开发使用决策上，历来就是以科学审慎的态度为前提。建业里项目不但是这个高尚区块里比较大的开发项目，而且在这个区域里有着特殊价值，如果规划科学、保护开发行为合理，建业里改造项目原本可成为当代城市核心区微空间更新改造的一个示范样本。但可惜的是，建业里依然没有跳出目前商业开发的俗套，商业力量依然主导着这个项目的改造方向，因此，保护修复方面瑕疵不少，给出的结果不免令人失望，导致社会各界议论众多，褒贬不一。在长达 8 年多的开发过程中，权威部门就此项目向公众披露的信息十分稀少，即是面对媒体采访，给出的信息也不够充分，深藏不露的保护方案和主导改造利益主体变更等关键信息，一直处于神秘状态。一个历史保护建筑片区的改造开发利用，缺少了大众监督，产生许多瑕疵和问题就不难理解了。这也反映出在改造开发上的矛盾心态。

目前社会各界对建业里项目关注和质疑的焦点，基本集中在如何解读"修旧如旧"这个关键性概念上。显然，各方的解读存在着不小的差异。如果一个曾经在这儿住过的市民，就能轻易指证，建业里改造中，不少的建筑细节被肢解和改变，比如"曾经漂亮的弄堂门楣，成了呆板的水泥墙。标志性的红砖半圆拱券门洞，也用了全新的贴面材料。而石库门里面，曾经的天井，已经被挖空，变成了阳光地下室，每幢房子，除了有地下车库，还装上了电梯"等等重要的细节，这就有问题了。面对这样的改造现实，还是得回到改造的标准上了，如果上述结构和原真性细节都改了，那就不是修旧如旧了。如果项目开发商还认为保护一个建筑的壳，就是保护了历史建筑，那就是对公众智商的挑战了。谁都知道，历史建筑是一个整体，细节真实是整体真实的前提。"修旧如旧"更重要的是对建筑的关键性部位和细节，尤其是这个建筑的建筑特性予以保护和恢复，假如江南民居的榫卯技术和厅堂结构被改造掉，还能叫江南民居么？即是从保护一个壳来看，建业里依然也是不合"修旧如旧"原则的，整个建筑群外部材料和色系使用上，过于亮眼张狂，这就犹如在一个老人脸上涂脂抹粉，显得轻浮。而这个几乎没有技术含量的细节，只需看看历史图像和考察一下其他类似的历史建筑就能明白的事，却还是不幸地发生了，以至于相关部门的人士也看不下去，认为"外立面使用的墙砖太新了"。这个低级错误，反映的显然不是能力和水平，而是对历史建筑的态度，因为不重视，所以就草率。由此，我们就不难理解建业里东弄、中弄拆除重建的行为被阮仪三教授斥之为"严重犯规"了的原因，因为这样的行为已经突破了历史建筑保护的不可移动的底线。而上面述及的除了电梯和阳光房之外，大部分问题其实都不影响入住者的舒适度，反而降低了建筑的历史含量和品质。

专家们曾将目前上海历史建筑保护开发总结为四种模式，其实说到底就是两种：一种是以新天地和田子坊为典型，是以商业开发利用为导向；另一种是以渔阳里、步高里为代表，是文物保护修复使用为导向。因此，新天地的真假壳混合模式，里面的结构和内容完全被商业掏空和置换；而田子坊是靠市场租金拉动的自由发展模式，这两个样本依靠的是商业冲动和商业力量，追求的是商业回报。因此，基本谈不上文物保护，保护是被严重弱化的。而步高里和渔阳里显然是以原真性保护为原则，是从建筑单体到整个片区的整体性保护为导向，修复重点是管线和卫生设备，以及房子损毁的部分。因此，修复后，从大结构到小细节，我们看到的一切都是真实的。上述两种导向不同，结果也就不同。而作为上海市历史保护建筑的建业里，显然是应以保护为原则的修复开发，并有望创造出第五种保护开发的新模式，塑造当代历史建筑保护开发的升级版本。可是，现实却让人有点失望。

当我们就建业里改造的问题众说纷纭时，我们是否该关注此事件的另一个重要命题，即如何建构当今科学合理的历史建筑保护实践方式及路径？经过数十年实践，太有必要建立既符合现实需求，又照顾未来利益的制度化保护开发机制。而这个具有当代实践价值的制度，显然不仅仅是指图纸和文件。当一个重要的历史建筑保护项目交给资本去完成时，我们真不能质疑资本的逐利性，因为这是资本的本质。我们质疑的是这些具有公共属性的历史保护建筑，虽然它们的物理产权可以转移，但建筑的历史和文化属性规定了历史保护建筑就有了公共资源属性。当资本以商业回报率作为其项目投入考量的执行标准时，公共资源属性保护的责任人又在哪里呢？建业里项目审批时，有关部门也曾发文并提出，"建业里尽可能保护原有规划格局和立面、色彩，对现有损坏建筑进行修缮时，应当结合历史资料研究，恢复历史风貌，严格控制沿街立面，不得改变原有历史风貌"。看来，规划审批是合理有底线的，也就是说，图纸和审批文件是合规的。但当资本成为具体的执行主体时，一定是商业利益驱动。事实上，每一个项目都存在着商业利益和文物保护的博弈，如果规划保护部门的监督只是停留在图纸和文件上，问题还会发生。当今中国，不是缺少法律，而是缺少执行力、缺少对历史文化的敬畏态度。没有制度化的改变，那么，资本依然会成为改造的主导者。

当然，我们也不是无视现实需求的极端保护主义者，我们理解曾经居住在这里的市民希望改善居住质量的合理需求，也希望在改造之后的新建业里，能创造出新式的邻里守望相助的弄堂文化和新的居住方式，但这一切，都必须在充分尊重历史的基础上才能实现，活化空间需要尊重时间历史。就如一个学者所言：我们回望历史有多深，我们展望未来就有多远。

哲学家海德格尔曾反复强调论证过站着的和躺着的关系。显然，站着的（我们），躺着的（历史）。躺着的地方，才是我们站着的基础。记忆、谱系、传统、历史，才建构出我们的主体性。俗世化的建筑和生活形态是生生不息的主体性体现方式。因此，在当今城市化微空间更新改造洪流中，不应该只是城市经济主义的胜利，更应该建立人文历史维度，让城市空间改造在历史和现实的平衡中有序发展。否则，面对资本，历史总是虚无的；乡愁，也会是一条回不去的路。

景观对峙中何以形成新的
建筑秩序?

上海外滩历史保护建筑三菱洋行旧址外墙被野蛮涂刷,反映的是历史建筑保护法规执行不力和违法者对法规漠视的严重程度。同样,苏州河边裕通面粉厂旧楼被市民举报,有关管理部门才出面解释,这是正在保护性拆除。即使如媒体报道所言,这是经过专家论证和规划部门批准的,那么,就产生了另一个问题,属于文物保护法规定的不可移动的建筑,其专家论证结论和规划部门批准意见,是否在开工前就该向公众发布?既然属于保护建筑，就具有公共属性，当然就包含着公众的知情权；其次，公示的目的是征求意见。公示应该在规划部门批准之前，公示才有实际意义，因为，公众有权质疑专家论证结果的合理性和代表性，同样，公众也有权质疑规划部门使用权力是否正当。

作为一个国际型城市，如果我们今天还停留在这种对稀缺历史资源机械式保护水平上，那绝对是我们这个城市管理上的悲哀。表面上看，三菱洋行旧址外立面被野蛮涂刷，是破坏了老建筑的外立面，触犯了历史建筑保护法，只需要严格执法就行。但更深层次的却是，野蛮涂刷破坏的是外滩整个历史建筑群的历史秩序。历史建筑秩序是由建筑风格、使用材料、建筑色彩以及与其他建筑的关系构成，并与周边的环境相协调。在一个特定的历史过程中逐步建立的建筑秩序，就包含了原生态的生活元素，并形成了公众的历史记忆，建构了一个特定的生活环境和美学认知。显然，特定的生活环境和文化环境，其典型符号就是与特定环境相协调的建筑秩序。

当世界已经普遍从静态单体保护向动态活性和区域保护转型之时，历史建筑秩序保护其实还是简单的，只需要严格立法和执法而已。而更具挑战性的是，如何把历史建筑资源纳入城市改造重建的过程之中，把旧区改造和周边的历史资源形成有机联系，让历史建筑资源活化，使历史文化价值放大并有效溢出，为建构有价值的新建筑秩序提供内在的文化支撑，才是一个城市管理水平体现的标志。无疑，在世界城市化的潮流中，对每个城市来说，历史资源都是恒定的，不可再生。因此，考验一个城市管理水平的核心质素，就是如何在城市改造重建中，能继承并发展城区已有的历史建筑资源，作出有效的建筑文化价值延伸，构建新的片区建筑秩序和文化价值，这也许就是城市改造重建水平升级的重要途径。

被誉为新加坡城市规划设计师的刘太格先生，对规划和建筑秩序曾有个形象的描述，他认为，在一个区域和一群建筑中，其关系就像一个大型交响乐队，应该先设立首席建筑体，其他建筑应与其保持从属关系和协调关系，而这些建筑虽然在体量或形态上有从属关系，但建立的却是一个整体的建筑秩序下的个性补充，这才会有协调性和观赏性，就像交响乐团虽然有首席小提琴手，但丝毫没有掩盖其他提琴手的演奏价值。我们再回顾一下我们现在的城区重建的状况，宽容一点看，不少建筑单体还是能接受的，但整体一看，不少建筑张牙舞爪，都想做老大的气势，建立的是冲突、矛盾、突兀、不协调，严重破坏了城区建筑秩序感，何来城市建筑美学的建构？目前，依然没有出现超艺术外滩建筑形成的天际线水平的实践，这也就是我们目前大部分城市改造和重建后，最让世人诟病的突出问题。

多年前，杭州西湖申遗的最大障碍，表面看是西湖四周混乱的天际线过不了评委关，其实是大量新建筑完全突破了西湖整体的美学形态，不但破坏了西湖原来的历史协调性，而且与历史景观形成强烈的冲突和不协调所致。建筑之间是断裂的、冲突的，新建筑秩序没有有效建立。反之，在许多成功的改造案例中，都把城市历史建筑和历史资源作为改造定位的基础和出发点，并由此建立改造方案和基本策略，如众人皆知的德国的鲁尔老工业区改造和英国的泰晤士河边的泰特现代美术馆，都是充分利用历史建筑的文化积淀和历史价值，不但让历史建筑使用价值得到进一步提升，更是形成了新的区域价值和建筑新秩序。日本箱根雕塑公园，充分利用了著名雕塑大师摩尔的艺术精品，与山岭的地势地貌有机整合，使这片本来很平常的山岭，成为一个世界级重要的区域文化的特定场所，从而人们就记住了箱根这个地方。它所做的其实就是把艺术资源与自然山貌做了有机的整合，形成了艺术与山岭之间的秩序感。即使被人诟病的上海新天地，它能变腐朽为神奇，也是一种历史资源延伸并放大的产物，新天地有效嫁接了几步之遥的淮海中路的商业地标资源，让淮海路上留存的都市商业精神和消费文化顺利溢出，新天地的外壳装入的是淮海路的内容和精神，新天地不但获得了商业活力，也就获得了文化活力。

　　显然，当一个区域性旧区改造开始前，应该充分了解和仔细调查该地区的历史资源状况，尤其是典型或重要的历史建筑和文化资源以及周边分布状态，在此基础上，建立和规划旧区改造的思路，使其文化效应的最优化，最终也更能使经济效益最大化。

最近，上海普陀区苏州河边曹家村旧区改造，公布的改造建设方案，仍然是一个极其平庸的方案。令人失望的是，作为上海重要的景观河道，苏州河流经上海市区段形成不少河湾，但流经这儿形成 S 形河道，连拐两个弯勾勒出一个大 S 形状，怀抱了两个半岛，历史上著名的圣约翰大学（现华东政法大学）就占据了河南岸一个半岛。另一个河北岸半岛就是与圣约翰大学隔河相望的棚户区曹家村。从远处看，圣约翰大学整个校园铺开贴着河面延伸，河面托起绿色葱郁中隐隐约约的暗红色建筑群，形成了良好的建筑秩序感。曾有一位美国学者认为：上海开埠以来，"洋"、"商"、"女性"共同在这交织成一个新的文化秩序。直到今天，圣约翰古老的钟声每天按时响起，在晨晖和暮色中，随着清风远远飘扬，挥洒着浓浓的古意和诗情。这种文化秩序和建筑秩序之间建构的虚实相间的历史关系，以一种独特的建筑意向和秩序感，留存至今。而隔河相望的曹家村改造，如果在规划和设计之前，能好好想一想，正视并高质量尊重这难得的历史文化资源，收好利用圣约翰完整而又有审美价值的历史建筑资源，做足文章，能在功能、建筑形态、外立面色彩等整体与圣约翰建筑群形成内在呼应，不但能产生更大的文化价值和经济价值，还会产生一个苏州河新地标。可惜的是，这个被称为苏州河市区段最后的黄金位置，最美的S形弯道，就这样被廉价处理了。真不明白，我们的规划部门为什么对一步之遥的、独特的圣约翰历史建筑资源视而不见？最终，旧区改造只是多盖了几幢高层住宅楼，不但没能提升这个区域的历史文化价值，突兀的高楼，反而会与圣约翰校园建筑形成冲突，影响甚至破坏了圣约翰校园所形成的历史建筑秩序。两岸建筑依然是各行其是地对峙着。睿智与无知的对峙，让人看着无奈恶心。与其如此，还不如一些艺术家们曾对着那片青瓦、破墙、斑驳构成的一片棚户屋顶发出的感叹：那青瓦屋顶上稀松的枯草，几度春来返青，秋去枯黄。常常掠过惊鸟和春来秋去的雁群，使得这片棚屋有了时间和空间的意义。因为这些破败的建筑元素至少还表达着地方和地域文化特色，还有着人的温度。

　　看来，大量历史建筑和历史景观在旧区改造和城市重建中，都会面临这样既尴尬又严峻的问题。既要保护历史建筑秩序，又要重建新的建筑秩序。首先需要摆脱区域分割、各自为政的资源管理分离状态。除了立法和执法之外，需要资源和管理上的整合，由于各个区域经济文化水平和管理能力水平的差异，形成管理上和资源使用上的落差之外，还会造成区域性断裂，不但是形式上的，更是文化上的断裂。增加建筑文化粘连性的前提是，要强化权威的、有高水准的规划设计和执法机构，同时，还需要执业规划师、设计师整体素质的有力呼应。上海市静安区近期对东斯文里老式石库门建筑群将实施整体性保护开发，利用旧的建筑文化资源，结合周边新的建筑和业态的协调性设计，体现了一种人文追求。令人值得期待的是，如果这片区域将来形成有价值的新建筑秩序，其价值的源头一定来自东斯文里。

今天，最令我们担忧的是，时光在流逝，而我们仍然将面对更多蜂拥而出、杂乱无章的建筑，既让我们无法亲近，更无法去命名和定义。故乡也将会成为一丝忧伤留在我们仅有的记忆之中。

被蒙羞的秋水山庄

　　网络爆屏杭州秋水山庄被刷脸事件，说的是一个富有文化内涵和历史传说的保护建筑，又被粗暴涂脸。这个被微信疯转的事件，听起来好像是愚人节的一个玩笑，但我们始终笑不起来。始作俑者是杭州新新饭店，作为秋水山庄的托管者，他们跟我们开的这个玩笑很过分，不但突破了历史建筑保护的底线，也玩弄了大众的智商。好在杭州保持了一个文化名城应有的市民素质，这个显而易见的拙劣后果被第一时间公布于众。这个事件客观上再次证明，大众启蒙不该是一句空话，同时，也证实了新媒体成为一个信息流通渠道，发挥着舆论监督和民意舆情畅达的传播价值。当杭州市民表现出他们的素质时，也反衬了我们的管理者们素质相对低位。显然，一句苍白的"误以为这建筑本就是黄色的"的辩词，既无法减轻建筑被伤害的程度，也再次形成了权力滥用的负面效应。在大众谴责、讽刺和调侃蜂拥而来面前，我们需要进一步深究的是，新新饭店管理者如此托大、自以为是的内在原因是什么？如何才能从根本上有效限制和约束这些粗暴行为？

不可否认，前三十多年的城市大规模改造中，对城市历史文化资源的伤害是普遍而深刻的。因此，当城市进入二次更新时，东部沿海发达城市，尤其是像杭州这样的历史文化名城，大拆大建的时代已经过去，必须进入精细更新发展阶段。未来的城市化一定会面对更多的历史资源的保护开发，因此，积极的保护利用显然是基本策略，而科学审慎的城市管理，需要在大众启蒙基础上，与高素质的城市管理阶层和科学管理方法对接更加紧迫。也就是说，加强立法和严格执法的落地方式，是强化程序监管和完善问责制。在历史文化资源保护开发界面上，产权拥有者（托管人）、规划设计者、项目执行者（施工），三位一体的每一个节点都应该受到城市规划和文保组织的监管，法律应该授予文保组织一票否决权。项目方案的审核和监管权，应该交由文保专家组织使用。专家组应在专家库随机抽取组建，专家审核发生的成本和费用应该由文保专项基金支付。

除了上述提及的制度完善之外，更需要管理阶层素质的升级。城市精细更新，需要以管理阶层的观念、人才、素质的整体提升为前提。大众启蒙和城市管理阶层的分级继续教育，应该持续有效地展开。秋水山庄被粗暴刷脸，其实就是违背了历史建筑保护的常识。如果要从根本上杜绝这种缺乏常识的无知无畏行为，激活制度层面和思想层面的美学意识，端正人们对历史文化的尊崇态度，植入文化的敬畏之心尤为重要。

历史文物的原生形态建构历史记忆和情感印记。也就是说，建筑物上每一个细节，哪怕是一个斑驳的身影，都叙述和再现着鲜活的历史和风情。秋水山庄由报业巨子史量才建造，由沈秋水用一生爱意和才情浇注，面对淡妆浓抹的西子湖，经过了近百年的风风雨雨，形成了特定的历史形态，不但准确地诠释了中国文人温情人生的世俗方式和寄情山水的精神宿命，还同世世代代的杭州人构成了身体和情感的微妙意义。作为一个有丰富解读内涵的物质载体，其中的表达暗示着丰富的历史、社会、家园等文化内涵，同时也成为大众长期以来的城市认知对象。如果我们的管理者们，能建构这样的美学视野，串联起城市的历史线索，完善城市的建筑美学框架，进而生成发自内心的城市管理道德意识，这才是我们的城市管理阶层需要持续进修的题中之义。

城市作为一个复杂多元的物理空间，经过人们不断的感知和规划，逐渐构成我们的生活空间。其核心表达就由功能性和审美性构成。而历史建筑走完了最初的岁月之后，功能性往往会随着时代生活方式的进步而逐渐退化，而审美性却跟随绵长的历史逐步提升。当建筑成为历史，就内化为精神符号，外化为视觉图像，给居住者、使用者、观赏者带来一种能感知的宁静和美好。秋水山庄是史量才的美学标准，和秋水姑娘的知性与才艺，共同完成的一种美学实践。如果我们的管理者能感知这份宁静的古典美，秋水山庄怎么会被粗暴涂脸？

显然，一个带有特殊象征的历史建筑，是由历史实践形成的。历史的知遇之恩，需要权力的呵护。作为当今人们生活、活动、并实现历史价值和现实价值对接的历史现场，美学符号和历史景观在不断被欣赏和消费的同时，也创造出新的想象力。这种身份构建的精神储备，需要在人与人的互动中，不断被凝视、被叙述，价值才能被激活。而这一切的前提是，矗立在人们眼前的应该永远是历史真品。这种合乎保护开发逻辑的深刻认知，应该成为权力使用者的共同认知。否则，说不准哪天史量才的魂灵从坟墓中爬出来，戳着我们的脊梁骨愤怒骂一声不孝子孙。

"最美野长城"凄凉背影后的
无知和傲慢

　　大众知名度很低的辽宁绥中县境内的"最美野长城",因为被粗暴修葺,借助新媒体强大的传播力,此事快速演绎成一个文化事件。此事件被广泛关注,反映了经过多年城市化野蛮改造后的一次历史反拨,大量的经验教训,使得社会各界基本达成现在共同的认知,即典型符号化的历史建筑,是我们的根脉,也是我们回家的路。未来的城市化和城乡建设,尊重文化和历史,就是敬重我们的生命,因此,谨慎谦恭的历史态度,理性的、精细化的城乡建设与更新，将是我们的历史性选择。

在历史建筑形态整体保护成为社会共识的今天，"最美野长城"还是惨遭不幸，实属痛心。野长城这类建筑的保护，技术含量并不高，技术也非常成熟，并有大量成功的保护修复案例可供借鉴。但是，"最美野长城"等大量的历史建筑还是不断被羞辱、被强暴，问题显然并不在于修复的技术和能力，也完全不是项目辩称者再三强调资金短缺问题，当代中国真的不缺钱，真正缺的是历史态度，是缺德。事件爆发后，负责修葺的部门第一时间就作出苍白的辩称，避重就轻，纠缠于此消息最初的发布者是个外行、他们不懂建筑修复材料等问题，由此得出传播内容的不真实暗示。他们想当然地认为，通过这样的解释，就能平息或者稀释外界的愤怒。但事实上，总是聪明反被聪明误，跟大众玩这些低智商的文字游戏，根本无法降低大众的愤怒度，而且，让我们不得不怀疑他们的真诚。

历史建筑作为一种包含丰富历史内涵和信息密码的物质图像，本身就具有事件特征。因为，建筑是（曾经发生过的事件）历史、生命过往的证人。建筑图像证史，它不但给我们讲述在某个地方或某个时间曾发生过的事，而是进一步把事转换成一个"事件"，并通过历史建筑包含的真实细节，还原成事件本身（包括时空）直接呈现在我们眼前。从这个意义上说，历史建筑就是一个现场，是一个历史事件发生的当下。因此，每一次修复呈现，就是历史事件的还原过程，也就是一次"当下"的消逝和回归。历史建筑能使我们在历史和现实中漂浮，也让我们与历史一步之遥。这一切，都得依赖呈现在我们眼前的历史建筑，最大程度地保持其历史的原真性。因此，历史建筑的修复以还原为第一原则，而此次被强暴的野长城，不但被抹脸，更是被肢解。这种伤害是深刻的。

在态度决定行为的当代，权力被一次次滥用的后果，再次反衬出权力使用者缺乏对于历史和生命感的基本尊重。在被肢解和破坏的"最美野长城"凄凉的背影下，我们感受到的依然是无知和傲慢，以及非理性的自我膨胀。"长城"是中华历史文化的形象标识，也凝聚着民族太多的历史情结，当无知和傲慢强行把一个被强暴过、扭曲的历史景象，推到大众的眼前，甚如把痛心、惋惜的情绪，强行植入大众的身体感受之中，进一步实现对大众从视觉到心理的伤害和打击。因此，招致大众对这种粗暴行为的鄙视和愤怒是必然的。

作为一种历史观念和现实实践，历史建筑与我们同在，成为我们今天的社会现实，因为，我们的身体和建筑、环境构成一种互为依存的关系，共同制造、回访历史过往和创造未来。而真实的、生动的历史建筑，也就构成我们身体生理行为到心理行为的历史印记。当历史建筑建构起这种信息和身体的共同在场，自然也就形成了一种传播意义上的信息源价值，进而生产出大众观看的兴趣，产生大众娱乐层面的精神价值。正是历史建筑的表演性特征，不但没有让观看者终止在娱乐层面，而是把身体的状态和情绪深深扎入了这种互为因果的结构中，并穿透娱乐化表层，深入到社会期待的价值判断的思考和评价过程之中。所以，任何一个历史建筑都是与当代人发生着价值共享的历史机遇，当代人在与历史建筑互动中，也就实现着价值和生命能量的交互。

此次，地处偏僻之地的"最美野长城"遭野蛮修葺事件，被旅游者及时发现并被举报，也算是一个不幸中的大幸。现代人的无边界远行，他们的足迹建构了社会最大的视觉网络，形成了大众关注和监督的目光。无论是当地农民，或者是一个经过这儿的旅行者，他们至少懂得了这是有价值的历史资源，这些资源不但能使其所处的地方价值提升，也能让每一个遇到它的旅人产生文化记忆，所以他们都选择了尊重。他们的及时发现和传播也许会有瑕疵，但这依然是见义勇为，当一个刑事案件的举报者能得到来自物质和精神的奖励，而这种对历史建筑破坏行为的举报，更应该得到社会各界的奖励和支持。这种全社会的监督行为，不但是大众历史文化保护意识的普遍提升的反映，更是一个公民社会责任感的一种体现方式。在当今法律制度不够完善和执行层面监督普遍缺位时，建构一个超越技术和主管部门的社会监督的机制网络，确实能暂时补强我们制度结构的缺陷，其主体当是社会大众。"最美野长城"毕竟顶着"长城"

的金字招牌，但是在广袤和辽阔的国土上，还不知有多少历史建筑仍然在被强暴。这次"最美野长城"遭到野蛮修葺，被及时传播和被查处的事件本身，作为另一种社会实践，也证实了大众意识的觉醒，可以制约权力滥用，也对未来大规模的城乡改建，起到正面警示作用。因为，滥用权力、漠视事实和大众情感的人，他们太缺乏对这片土地的真诚，我们又何以为信？

历史建筑的粗糙复制等同于谎言

少林寺将在澳洲被复制，媒体给出的明确信息是，澳洲版少林寺的巨额投资将会有可观的经济回报，其出处来自少林寺当家人。而少林寺当家人说起此事，十分自信，其行为更像少林寺投资管理集团有限公司（不知是否有这个企业）董事长的身份，因此，给出的都是商业前景的描述。对这个商业计划以及商业与弘法之间有什么关系，我们无法妄评。可少林寺作为一个著名的历史文化建筑，其开闸异地实名复制，使得我们不得不面对这个突如其来的案例想一想，世界上（包括中国）著名的历史文化建筑好像很多，名气比少林寺大的不在少数，但为什么别人就没有想到这个商机呢？

显然，少林寺的管理者们已经不满足原版少林寺带来的经济回报，想借助并放大电影《少林寺》带来的少林功夫的影响力，让少林寺漂洋过海、异地复制，以获取更大的经济回报。不知他们是健忘还是装傻，少林功夫只是宏大精深少林文化的一部分，而且十分表面化。他们在一味追求经济回报、精算一本经济账时，他们的行为却将当代历史资源的管理者们，推到一个十分尴尬的位置。历史遗产保护学者拉斯金早在一个多世纪之前，就提出了历史建筑保护人群体应谨遵："奉献、真理、力量、美、生命、记忆和遵从"的保护原则。一百多年前的智者就已经把历史资源的代代管理者们所应承担的历史责任和使命感说得很清晰了，而今天的我们却还被经济利益诱惑，困在一个低层次怪圈之中。当我们对照拉斯金十分强调的职责的神圣性和建筑与人的生命之间形成的生态感应关系，我们是否该为这些行为感到汗颜？

众所周知，建于公元 495 年的少林寺，是大乘佛教禅宗的祖庭，距今已有一千五百多年的历史。少林寺包括少林寺常住院、塔林和祖庵在内的"天地之中的建筑群"。其中"现存的初祖庵大殿是河南省现存少有的早期木结构建筑精品，是宋代的《营造法式》这一建筑名著最好的实践性案例；而少林寺塔林是我国最大的塔林，包括唐、宋、金、元、明、清历代高僧古塔228座，不仅规模宏大，而且保留了历代的仿木结构的斗拱门窗以及各类装饰的砖雕、石雕，具有重要的艺术价值；少林寺常住院还保存了大量的北朝、唐宋至明清的碑刻以及千佛殿、白衣殿的彩色壁画。"也就是说，少林寺是一个整体性历史建筑群的概念。被电影《少林寺》表面化的少林功夫背后，隐含着深厚丰富的历史、宗教、文化内涵。

少林寺确实拥有着一个极其独特的文化身份，而这个身份的获得和形成，是经过漫长的历史传承和积累，并以精神到物质一体化方式，外化并沉浸在这个整体性建筑群内。少林寺就犹如一个生命的长者和智者，立于同生共长达千年之久的一山一水、一草一木之中，与中原大地同在、与烁烁日月同辉，是其存在的本质方式。同样，少林寺的艺术、生活、宗教、文化等信息的完整性表达，是与其不可分割的整体性，以及环境与建筑、建筑形制与材料、技艺等的一致性密切相关。也就是说，少林寺的"遗产资源的重要性来自其完整性，其中包括：位置、设计、环境、材料、工艺、情感和联系等全部元素。"由此我们可以断定，少林寺只有在"生态系统的结构完整性、功能完整性和视觉完整性"基础之上，历史的肌理才能准确凸显，少林寺的历史叙事才有价值。反之，由于环境、历史的在地性不可复制，缺乏完整性、极其表面化的少林寺还能算是少林寺吗？

诚然，搬一个名号是容易的，但要复制一个真实的少林寺是不可能的！除了上述所言少林寺隐含的历史文化密码和少林寺的特殊自然和人文环境无法复制外，即使是十分技术化的条件，比如当年历史建筑的工艺，设计者建造者的真诚感受力等诸多方面，更是无法复制。历史建筑保护的首要原则就是真实性原则，而真实性是建立在对原始氛围的保护之上。具体而言，历史建筑除了其附着在这些物质形态上的历史文化内涵，还包含着丰富的建筑技术细节。20世纪初，芬兰拉普兰（Lapland）索丹城古老的木质教堂修复，为了最大程度地回到历史的真实状态，修复主持人坚持要用当年建造时同样的木工技术进行修复，因此，特别安排专业人员对17世纪建造这座教堂时的木工技术进行分析处理，梳理出当年木工技术工艺。同时，分解并厘清当年原始手工状态的木工工作流程细节，尽可能还原并制造出当年的木工工具等，在这些基础上，再安排全部修复人员在一个复古的环境中，重新学习当年的这些技术，以确保所有建筑历史信息的细节真实性。因为，作为一个负有神圣职责的历史建筑保护者来说，在确保传统技能复活的基础上，最大程度还原历史建筑的真实性，保证历史建筑中的精华实质得以充分体现，才能让建筑和环境的进一步活化成为可能，最终才能活化历史和文化。这才是一个人类历史资源保管者们应该有的职业态度和职业精神。

由此可以预见，少林寺的澳洲复制版，因为脱离了其生成并成长的自然和历史人文环境，建筑被从原生的历史和文化空间的完整性中抽离的结果，必定是一个剥离了本真内涵的媚俗之作，是一个没有灵魂的物质躯壳。同样，无法确保真实性的复制版少林寺，由于信息密码的不真实和不对称，还会造成世人对少林文化的误读。从这个意义上说，历史建筑的粗糙复制等同于谎言。因为，只有真实的、完整的、历史的少林寺，才会给每一个面对它的人，带来敬畏和惊奇。同理，诗意和庄严，也只能在原生并真实的气氛中，才能被深刻感知。

重建场所精神

    19 世纪资产阶级文明的起点，就是创造了现代意义上的建筑和空间概念。工业革命和城市化的直接后果之一，就是在一个充分技术化和物化的世界中，不断催生并打开人类的欲望和建构消费图景。与不断生长出来的欲望对接，城市就连续创造出盛装欲望的建筑容器。可是，在身体不断满足的同时，人又不断生产出内省和反思，身体上的感受性和文化上的敏感性，产生着强烈的冲突，使得人类不得不在去肉身化的世界中，重新寻找那种属于人的创造性经验和人的文化性体验。

当代中国，经过 30 年的城市化进程，遭遇到了发展的拐点，大拆大建的野蛮开发，终于让位于微空间精细化更新发展新模式，回到了城市发展的基本逻辑的理智轨道上。因为，城市是安放我们身体的地方，一个个接近身体的微空间，让我们产生感受力，才对我们的身体产生意义。随着城市空间的不断建构发展，城市微空间顺利分流成公共空间与私人空间两种形态，而这两种空间形态，基本建立起人们交流和亲近的日常空间，而正是这日常的、细节的微空间，才是城市人生活的基础空间和真实空间。

城市空间提供的是活动场所，但对接的是人对自我的超越，满足的是人的复合需求。当人们超越职业和劳动分工，进而超越商品化（物化）和异化，回到人的本质属性时，就必然会寻找适合自己的家园，也就是合适的私人空间和公共空间，找到自己的身体和精神的归宿。正如本雅明所言："室内、家居的本质在于保存一切私人痕迹，因此就会仪式化和个人化。"资本主义的生产方式和文明的不断演进，通过技术，推动并成功地把工作场所和生活空间有效分开，由此，城市不但生产出"私人空间"的概念，也为保存私密化的生活隐私，提供了空间上的实践可能性。当城市人以居室和室内方式建构，让人们回到"室内空间"这个属于私人专属领地时，个人的主体性和意识才能彻底产生。因此，"室内装修"不但成为一个技术学科，而且更是一个人文学科，从隐性到显性的转换，再次强调了"室内"不但成为满足人的身体欲望的场所，更是可以让人产生随心所欲和寓言式幻想的地方。当人们把外部世界的一切顺利转换为"室内空间"时，也就是完成了个人以"室内"概念为标志的寓言的建构。"室内"寓言产生的终极意义是，当私人寓所的大门一关，就完成了工作与生活的区隔，门内门外形成了绝然不同的两个世界。

相对于私人空间，公共空间的属性和内容就更加多元、更加复杂。因为，城市空间的基本属性是公共化空间。公共空间不但是满足人们多层次、多方位交流的地方，而且会因为定位和品质的差异，承担着交流的质量和交互价值是否得到提升还是降低的实际后果。如果说，私人空间是与自身身体交流为主，那公共空间更多是实现人与人的交流，公共空间才是准确对应城市基本属性的地方。既然公共空间作为人与人交流的场所，公共空间就一定会产生表演性、娱乐性、狂欢性特征，并秉承人的身体和精神化意志，产生其精神特质。正是从这个意义上而言，人类势必十分注重文化艺术空间的建构和品质追求，也正是公共文化空间的品质，才能决定城市的文化高度。

人类建立城市，从最初的物质交易，满足人基本生活商品的使用价值交换，快速地演变为人与人的交流为主、以交换价值为标志的交流方式和交流内容。尤其是当今互联网时代，这种价值转换尤为明显，虚拟经济和网上服务，基本可覆盖和满足我们生活日常用品的提供。当这种日常需求提供进一步被弱化的同时，公共空间以精神文化为核心内容的交换价值，就愈发凸显。交换眼光、交换通过身体建构的所有意向，公共空间就产生了"看"的第一需求。男人的目光和女人的身体，作为空间组合的基本元素，共同建构着公共空间的基本历史内涵。

从 18、19 世纪风行欧美精英阶层的文艺沙龙，到风起云涌的咖啡馆，这些城市空间，在其发展的轨迹上，无不透露着生活与艺术的混杂、男女情色的暧昧、文人与艺术的矫情，但正是这种自发的、原生态的文化艺术环境，才不断创造了文化艺术的流派、概念以及思想。内容到形式的完美空间建构，其核心元素还是人。文艺沙龙和太太客厅的女主人个人品质，决定着沙龙的文化高度和交流质量。高颜值和良好的教养、优秀的生活品质，构成沙龙女主人特殊的交往气质，让同类能召之即来，来之即能产生思想，就是女主人的社交能力的体现方式。事实上，女主人就是沙龙空间有品质的符号保证，受到女主人的沙龙邀约就是一种至高的文化待遇。

上述沙龙、太太客厅等还是以一种犹抱琵琶半遮面的半公共空间示人，而这种空间又是以沙龙主人的单向邀请为主要方式，而如今的公共文化空间，如大剧院、文化广场、音乐厅、博物馆、图书馆等，已经彻底公共化了，空间与消费者的关系已经重构，单向邀约已经转变为公共之间的相互契约，物理建筑，到精神品质，以及导入的内容和服务，这些内容整合构成特殊的环境气氛，而这种气氛伴随着艺术内容的提供，共同完成当代方式的消费邀约。

由此，文化艺术空间的建构需要建立人文尺度。而人文尺度的评价标准，是市民心中自我达成的默契。比如上海美术馆从南京路搬到浦东，就违背了这个尺度规制。美术馆作为城市地标，全世界都只有一个标准，就是建立在城市中心。而什么才是城市中心，不仅仅是地理距离，而是包含着历史和现实的感受，市民情感的方式，是长期以来历史和现实中完成建构的内心认同。生理距离必定产生心理距离，而这种距离是不可悖逆的。

同样，我们讲空间的人文尺度，就是要讲空间对人的最大程度舒适性满足。迪士尼的文化复制行为，被批评为抑制了文化的创造力。但迪士尼的空间构建却是十分科学的。比如说空间的布局，户内户外的关系，内部内容活化方式，艺术表现形式和语言的当代化，还有户内户外形成的行走节奏感，都是基于人文尺度的人性配套，加之于相关的服务配套，以满足消费者的多元消费的需求，不但增加对消费者的粘合力和吸引力，更是形成了良好的消费感受和记忆。而在消费多元互动方面，上海淮海路 K11 艺术空间做得就比较到位，当然，K11 本就是一个商场，把艺术空间有机植入后，艺术消费与其他业态消费就形成良性互动。

文化空间对消费者的邀约方式，也要随着时代转型。古典时期传统的艺术观念认为，艺术是属于精英阶层的事，艺术消费是少数人的特权，因此，传统的博物馆、美术馆、大剧院，首先从物理建筑上就造就巨大的落差，建筑高高在上，让每一个观看者，都必须低头恭敬爬很多台阶，显示其神圣性。我们现在已进入后现代，平等分享是这个时代的基本价值观，消费者需要的是能轻松随意地进出和消费。拉近而不是推开与消费者的距离，是这个时代转型的方向，因此，文化空间的物理建构和业态建构都必须转型。到目前为止，大部分文化艺术空间还是单一服务模式，除了演出之外，大部分时间内，空间依然冷漠。

今天的人们已经从看的冲动，过渡到全方位的身体感官满足，从物的消费向精神性消费升级。以表演演出、到教育和美学品味的传播为基本职能的文化艺术空间，如何完成业态的多元组合，使得文化消费叠加更多的价值溢出，文化艺术空间也就会不断生产出商品和精神气质来。当这种气质的不断累积，其表征方式就是产生场所精神。而场所精神的核心，依然对接人们的愉悦和欢乐需求。从这个意义上说，场所精神就是人们共同的精神循环、交互和守恒。

论建筑图像传播中的身体表达

——以新京报《北京地理》副刊为例

　　随着城市化进程的加速，涉及千家万户的城市大规模改造和重建，造成大众对城市的关注度日益上升并不断形成焦点。建筑因其图像化视觉表现，势必成为人们对城市直接、典型而具体的评判对象。建筑本身图像化的媒体特征，在建构大众观看、扩大其大众影响力的同时，建筑也就超越了居住的实际物理功能，构成了文化和社会意义。同时，建筑对大众形成的单向和强制观看，一定程度上也侵害了大众观看和审美趣味的选择权。

建筑以其公共性和文化性特征出现在大众的观看和评判视野，大众媒体的强势介入，使得原本圈子化和专业化的建筑传播封闭格局被打破。近10年来，建筑传播形态开始分化、重组，原本以专业、技术为核心和进入门槛的工具化思维及其传播方式，开始实现向人文关怀、社会审美甚至是大众情趣方向转移，边界逐渐模糊和重叠，形成了建筑传播的多元化态势。

北京新京报创办10年的《北京地理》副刊，以建筑图像为传播的主要内容，强调建筑与人的关系，突出人的身体对建筑、城市空间的体验和感受，不但创新了大众媒体的建筑传播方式，也构成了很强的文化批评性隐喻。媒体的文化立场和专业禀赋，基本消解了建筑图像传播的明星化、娱乐化倾向，坚持了思想和艺术层面的品质和高度，构成了一次有价值的建筑图像传播实践。

"言语行为"到"形体行为"

"影像在膨胀。回溯北京城市记忆，最好从影像开始。现在、过去、未来；黑白、彩色、数码，漂浮不定，一步之遥。"①建筑无疑以图像为第一表现形式，建筑图像除了纯粹信息传播，还具有事件性特征。当《北京地理》连续性图像在我们眼前出现，图像就成了（曾经发生过的事件）历史、生命过往的证人。图像证史，它不但在同我们讲述在某个地方或某个时间曾发生过的事，而是进一步把事转换成一个"事件"，并通过图像真实的记录下的所有细节，还原成事件本身（包括时空）直接呈现在我们眼前。从这个意义上说，媒体图像传播的就是一个现场，是一个事件发生的当下。每一次呈现，就是一次事件的还原过程，也就是一次"当下"的消逝和回归。

当然，《北京地理》的建筑图像的现场性呈现，具有描述性和评价性。并通过身体的同在现场才能实现这种描述和评价。建筑图像对城市的当下性意义建构，会使媒体观看者的经验认知中的当下和现场发生位移，这种视觉逻辑和观看节奏产生的转移，同时会造成一定程度的自我丢失。也就是说，当媒体建构的图像方式，与自我真实的感知之间和观看心理产生了一定距离，建筑图像构建的当下性，对观看者而言，它就隐藏着一种作用强大的感知转换甚至反转能力。因此，这就是媒体化图像的虚幻性和虚构性所在。尽管媒体没有虚构的主观故意，但这种因时差和空间变化，以及媒体二度创造的事实上的复制，就同彼时一次性真实发生的事实之间，总会产生间隔和距离。"从瞳孔到镜头到玻璃、橱窗和后视镜，街景是扭曲还是还原？直射或是通透的胶片提供了不同于日常的'正视'经验，当左和右颠倒，前和后叠加，常规的观看效果被改写。虚幻、眩晕、辨认——是直射造就了蒙太奇以及叠影之间奇异的关联。但一定有什么东西消失了，桑塔格在《注目他人受刑》中抑郁地写道：'然而图片与现实之间的区别，可以轻而易举地蒸发。'"② 由此，也就是我们常常感觉再现事实中的虚构和真实难于分辨的困惑。

其实，任何事件的当下性都是依赖身体性建构的。因为，当下只有直接作用于身体的直接感受才能产生现场和空间存在感。因此，《北京地理》绝大部分建筑图像，都充分使用了人的身体符号，通过不同人物、不同状态，产生不同的表现和情绪，同时，故意在图像使用上显得随意，让图像避免规整、呆板、空洞感，让图像内容不断活化产生动感，进而，传递出建筑图像内容的存在和拍摄者的身体感受，与观者共同创造媒体呈现图像的当下性和现场感。

当这些建筑图像在人的身体感受中成型，并产生符号化的图像传播时，图像中浸润着丰富的人的情节开始感染观看者，对观者产生身体到意识的诱惑和影响，观者在此时的当下，就会自然产生在现场的弱化想象，而对图像提供的感受产生更深的认同。显然，这种图像现场，是经过媒体处理并提供给观看者的加工过的现场。而媒体需要的正是催生弱化的想象，让观看者产生在现场的感知，才真正到达由媒体创造并控制的现场效果。

用建筑图像建构现场、占有现场、进而控制现场，这就是《北京地理》传播的事实路径和产业逻辑。当媒体控制了现场，就产生了视觉暴力，并顺势制造出观看者的注意力。显然，新京报巧妙地使用了媒体技术，由此一直能产生正面催化力，让这种现场一个接一个产生并发生作用。当观看者一而再地产生在现场的幻觉时，观看者也就产生一种与媒体同向的判断能力，这就是对现场的强化效应。"这一现场的时光再现，被本雅明理解为'是一种令人着迷的东西。'"③ 当"一个观者试图抓住这个瞬间出现的光芒，本雅明认为：'这是有呼吸的光芒'。"④ 也就是说，媒体用图像再现了身体性感知下的现场，就让观者重新经历一次这个瞬间的现场。而这个过程，无异于人的呼吸一样随意而经常。虽然这是虚构的当下，但仍然产生现场的感知。

媒体用图像建构的现场，成功地兑现了对当下的承诺：建筑、身体、风景，这些城市关键性元素，非常巧妙地组合在图像呈现中，就产生了逼真的现场效果。但问题是，媒体的这个建构过程，走的却是反现场反当下的路径。这种悖论在于，真实的现场往往有一个最重要的生成元素，即身体首先是以物质形态出现，形成身体与环境的直接对应，并进而产生能量气场，它是一个活生生的有机体，这种有机构成也是一次性的，制约了有机构成过程和环境的被复制。因此，这种感受也是不可重复的。而我们在看新京报《北京地理》所呈现的建筑与人的图像时，就能明显地感到，媒体建筑图像还是虚构的现场，图像中的身体已经是非物质化非肉体化了，因此，作为观念上、学术上和美学上的现场，还是造成了一个非在场的在场性。

显然，建筑图像传播，是需要通过身体和关系的植入，建构一种社会性政治语境和文化语境。当一个镜框式结构图像，通过媒体广为传播，人为设计的关系图式依然会传递信息和建立叙事语境，顺利突破图像的限制，图像自然就在展示和观看模式中，顺势扩大了图像的信息和意义边界。而观看也是观看者再完成的一次自我判断。虽然，传播效果的不可控，是来自观看者的身份的不可控，以及观看者的状态和情绪的动态化特征，因此，观看者并不能很一致地靠近传播者所主观设计的意图和现实场景中，这种不一致，就会产生认知上的俗性和神性的差异，而正是这种差异，反而构成媒体传播的丰富性和复合性效果。由此，我们可以面对的每一次传播和观看，就会产生这种一次性效果，而这种一次性效果就构成了媒体传播和观看的魅力。

信息和身体的共同现场

　　身体作为一种历史观念，并成为体现特定文化和历史实践的过程，构成身体生理行为到心理行为的印记。因此，媒体在图像传播中，植入身体和建筑、环境的关系，来制造、回访历史过往。而生动的传播和真实场景再现，需要身体和建筑共同生产出媒体的表演性和选择性。

　　而媒体设定的表演和大众的观看，通过图像会共同建构一种目光游戏。新京报《北京地理》中有一组图像，在同一个场景中，植入不同的身体感受，而这种丰富、多元的感受信息中，目光会产生多元化分层，记忆的目光、同情的目光、渴望的目光、监视的目光、惋惜的目光、木讷的目光，虽然这些现场是媒体主观设计，但所有的目光都能不断突破媒体的主观控制，透射出观看者自身的态度和他们的判断。

　　《北京地理》建筑图像不断建构信息和身体的共同在

场，在信息源流传播中，形成了从传播到大众娱乐层面媒体特有的表演性特征，并进而生产出观看的兴趣多次方叠加和评判的多元化形成。但媒体最终并没有让观看者终止在娱乐层面，而是把身体的状态和情绪深深扎入图像的内在结构中，使图像观看穿透娱乐化表层，深入到媒体期待的社会价值判断的思考和评价过程之中。

显然，媒体传播的信息是被身体感受的信息，犹如建筑是承载身体的容器一样，信息始终通过身体符号发出和回收。这样基于生命感的信息来回流通，就带上了生命的温度，此时的媒体再造的现场，就能通过图像的完美创作得到当下的再现。

媒体在努力呈现并试图不断再现这些现场感受过程，其实，媒体调动的是观看者们产生观看的自我反应，让图像观看者生成视觉自动认知链条。当身体始终成为信息构成的重要组成部分，并有机地镶嵌在建筑图像信息之中，信息和身体同在现场就成为信息源和信息体的基本组合方式，信息传播才能防止观看被无意中断，并产生排除信息观看接收过程中的干扰因素，形成视觉观看自身保护气场。当观看者在身体和建筑环境构成的封闭式观看行为中，就会进一步调动并激活观看者的经验和过往记忆，内心产生情感和价值共鸣，由此，观看行为就转换为观看者自身的内心冲动和情绪付出，才真正实现观看新价值的再生。

虽然，这些媒体行为中有明显的图像制作和传播技巧痕迹，可一旦调动起观看者自身情绪，使得观看者在观看瞬间沉浸在图像的现场氛围中，这些人为的痕迹就会被观看者忽略，甚至被遗忘。我们需要关注并十分警惕的是，媒体制作和发布的图像，是否严守图像元素和细节的真实性原则，高度体现媒体的专业精神和职业操守。因为，当媒体发布的图像使得观看者进入状态时，实际上媒体的立场会非常明显地影响到观看者的态度，观看者的内心自我反应受到了媒体期待的一种特殊的意识控制，观看者自我审视能力和独立判断力会降低甚至某种程度的丧失，他们会置于被媒体建构的情绪调动并处于意识的低位。媒体虚构并不等于虚假，虚构是出于艺术表达的需要，而虚假就是误导观看者，这是要严格禁止的。这种由媒体发动，到观看者的自我情绪、情感甚至意识生成，反映了媒体通过图像制作技巧和传播，达到了制作者、传播者和接受者，一个观看反应生态系统的建立和净化。

行文至此，我们可以十分清晰地看到，媒体图像制作和传播的操作系统，最终会归并到一个从兴趣共同体到价值共同体的整个价值系统产生的轨道上。当传播与美学趣味、社会性、政治性话语连接，也就会在身体同在的基础上，进一步超越物质性存在，形成观看和价值判断的共同体。因为身体既是物质的，也是精神的。身体的在场与缺席表现为具体与抽象的重叠，当身体超越个体和具体，抽空了具体内容的身体符号，就成为一种历史存在和抽象存在，身体就产生象征性。而媒体在图像中不断重现身体的存在感，是要唤回已经抽象进历史的身体，进一步强调的是观看主体和客观的图像客体之间，重新建立连接个体、具体的身体经历和体验，回归到感官再来一次经历的当下。虽然，我们知道图像所描述的现场与我们曾经看到并感受到经历过的现场，已经被媒体提供的身体经历所替换了，但价值共同体欣赏和认知的一致性，会撇过这种差异，而追求认知的相对一致。这种经历重现形成的共同体，会随着媒体的导演和安排，进一步把身体经历和象征形成混合，产生了一种新的历史判断。

虽然这种图像生产是媒体设计安排，并"预先规定"的。但事实上，在制作和传播中，我们仍然会遭遇三个问题：1.媒体、图像与观看者的角度互换所产生新的解读意义；2.媒体试图与观者形成价值判断共同体的未知性；3.观看者不同姿态、不同方式的观看，会产生多元的、甚至是对立的观看关系。这三个问题不约而同涉及的是，当图像从生产的私密性质转化为公开的大众观看，目光与对象会产生冲突和矛盾。由此，在媒体期待建构认知和价值共同体的愿望同时，由于角色转换、共同体建立的动态性调整、彼此观看的接近性与距离设定，在不同的观看者观看的亲身经历中，会分化、重构甚至会解体。这种传播观看过程，就犹如一种表演，其中的图像呈现和传播不可控地进入到了一个社会化处理过程。当图像传播从相对专业、封闭的观看进入大众、开放的观看视域，任何社会化偶然因素都会导致传播结果的改变，不可控会带来未知性。当传播构成社会化大众事件时，建筑图像就跃出了专业精英的范畴，沟通交流的标准势必上下跌宕，毫无疑问，社会的、心理的、政治的、美学的因素都会纠缠在一起，这种大众化观看的"联接"，其基础依然是身体的共同存在。观者身份的混搭导致图像解读权力多元，甚至会产生互换。但这恰恰是大众媒体在建构图像传播需要预设的风险。但无论结果是同流或者分流，未知性也正是媒体传播的另一种魅力所在。

图像观看以及价值共同体，是通过接通图像再现的身体与观看者身体的感觉联系，而这种连接过程，构成时间性。时间性身体聚合，产生社会化场景的时空挪移，历史事件的内容就来到时间意义上的现在和当下。进入这种状态，观看者与制作者的角色都是重合的，甚至产生一定的转换。此时，以身体共同存在为基础，建筑和身体会进一步苟合，一般意义上的政治和文化语境上的二元对立也会趋向缓和。至此，通过共同行为形成的价值共同体，不能完全被理解为是一种媒体虚构。作为一种被媒体导演而产生的观看判断的共同行为，到成为一种共同的经历形成，会产生一时的身份模糊，每个人的身份也就被暂时重构了。当观看者在不断调整他们的目光定位时，观看者身份也一定在断裂和重建中，被不断地定义和再定义。

生命同在的能量交换

新京报《北京地理》副刊的命名就是空间性概念。人群在空间聚散，看的感受和流动的节奏，产生身体动作和观看的视觉频率。其所选择的图像基本都有身体性动作，或者是一种动作想象，都构成动态特征，这类图像往往能使相同或者近似的人看得满足，甚至心醉神迷。这就形成气场，实现了能量交换。即使到不了心醉神迷的状态，仅仅是构成观看与对象关系，其过程也会循环并释放传递某种信息。整个过程中，能量交互会形成兴趣和关注点为特征的视觉中心。观看反应，比如心跳、呼吸加快，身体的生物性反应，会导致产生阅读心理节奏的调整和变化。因此，图像的结构、视觉语汇、图像内涵和元素的对位性刺激等，都是导致并形成能量产生交换的起点。

尽管图像制作和发布是人为设计的，但这些能量交换的后果却是图像制造者和发布者无法预料的。因为在观看时，表面是图像的文本解读和学术、艺术判断行为，这些知识性判断及其逻辑是通过概念和理性思考获得的，仅是外在的表现，但人的内在动能却是受到生命力感应的支配，是身体对图像提供的信息产生直接反应。我们在看到一些图像时，会产生共同的愉悦和满足，进而循环产生正面能量交换，并推高各自的愉悦感。同样，我们在面对另一类图像时，也会产生观看的抵触，因为理解的不一致，观看者会有身体反应的不舒服，甚至厌恶感，产生能量冲突，就会抵触甚至拒绝。

这种观看能量的循环和交互，不需要特别的安排，就是依赖图像本身，自然形成的过程，只要图像出现，并形成有效的观看，相互之间就会产生能量循环。当观看者进入，就开始输出和吸收能量，包括正能量和负能量。当退出观看，离场就意味着能量输出和交互的中止，一切都源自身体对图像的直接感受。

因为，看是一种目光的碰触，也就是一种媒介的方式。当《北京地理》用足身体和建筑之间形成关系的图像，按时推送到观看者眼前，图像提供目光碰触时，观看者目光就成为能量收放的支点。当媒体通过图像把原本属于"隐私"的东西，转换成为一个公共观看的对象时，首先也是吸引目光的聚焦。当来自四处的目光在此触碰，原本恒定的二元对立的元素，如公开／私人、距离／接近、虚构／现实，就会形成对立或者妥协。而对观看者来说，也一定面临接受或拒绝的选择。更重要的是，当各类观看者自觉或不自觉地面对图像，形成目光碰触时，身体就会产生一种神奇的感觉和幻觉，如果身体随着目光入图很深，人的精神性反应就会提升，并会造成某种虚茫或者一些意念上的各种假定。由此，观看的目光，会循着视觉图像的典型符号的导引，阅读的过程就是打开了通往心灵的路径的过程。所以，不仅是新京报《北京地理》副刊，包括许多大众媒体都在传播中重用视觉图像，不断视觉化的内在原因。

新京报《北京地理》充分建构图像的空间性，使得图像不仅具有作品特性，更具有了事件特性。用建筑和人的组合图像，图像本身就是一个空间构成，然后，不断地活用建筑和人的身体元素，变换场景的动态发布，就形成了一个个气氛空间。建筑、城市环境元素，一再通过人的身体把气氛烘托出来，再通过图像元素组合，让观看者回到这种气氛中去感受这种气氛，这种流动就是气的流动，空间就成为气场。它既可以让观者强烈感觉到这种现实气氛，也可去感受曾经发生的事件空间。因为人的身体性敏感，会对物及周边环境产生联想和想象，会让视觉中的颜色图像化和味觉化，气味也会幻化成画面和细节，当所有元素都形态化，时间概念就被导入，并与空间结构形成对应。

图像有形的空间感，还原到物的状态时，需要时间的推力，形成人的身体认知和感受的张力，产生能量的聚集，通过时间的逐渐加压，形成聚焦的力量，向相同的方向挤压，就会造成空间变形，改变原有的空间感，形成人的身体能感受到的空间气氛。

　　图像的气氛就是通过地点和空间构成。当几何学意义上的空间变成有物填充的空间时，它的质就让人能感应到。而这一切，是历史事件发生的时间点和媒体建构当下现场的时间点，两个点构成时间流动的抛物线，这根无形的线就产生时间流动的推力。当时间在观看中形成，图像构成的气氛就创造出空间，气氛中所有的物和身体，都是在场的。因此，我们在看这些图像时，"身体、建筑、城市，全部是基于线型的想象。……视觉语言表达了一个不安、优越而局促的人需要找到安全的地方。"⑤

　　时间性规定了我们的观看节奏和秩序原则。图像用各种层次表现着自然的光和影，而自然的光影总是摇曳变化的，图像本身的静态形式会降低光影的生动性，因此，《北京地理》所用图像，基本都用身体和建筑构成的动态关系，来弥补这种缺陷。所以，图像同样也都能制造气氛和能量。只是摄影造就的图像，是对自然界光影的再次有机排序和能量重组。图像的光影表现力，不但造就图像的艺术和科学价值，更作用于人的眼睛，让注视的目光形成能量的入口。同样，这种由时空交织而成的能量，也会作用于人的皮肤甚至身体。因为人的身体是有机体，皮肤和肌体对光线特别敏感，而且十分有效。作为光影艺术的图像，随着能量的进入，显然还会对人的生理和心理产生重要影响。"道是光：光是无处不在的，所以要体验光就需要一个东西，一幢建筑物，一个特殊的空间。"⑥当图像完成这种时空建构，图像也就成为生命能量交互和聚散的气氛场。

结　论

新京报《北京地理》副刊的建筑图像传播实践，证实了媒体化图像普遍流行的现实和价值。大众传媒通过建筑图像的传播，不但主张了自身的城市文化立场，也成为大众意见和情绪的出口。伴随着城市化的深入，城市大规模的改造和重建，大众媒体强势介入建筑传播成为一种历史的必然。但媒体是通过传播效果来体现其传播价值，显性标志是媒体的影响力的深度和广度。新京报《北京地理》作为一个成功实践的典型样本，其通过媒体有效的图像生产和传播，巧妙地把观者的身体感受和图像再造的城市空间合二为一，不但创造了信息与身体同在的现场，同时在接通媒体生产和大众接受的感觉通道基础上，使得图像制作、发布和观看、接受，组成一个逻辑链条，进而形成趣味和价值共同体。

虽然，我们时常清醒并试图拒绝被过度媒体化，但我们又很无奈，因为，一个个远年发生的事件，其过程的一次性，决定了只有媒体才能让我们再一次感受彼时的一次性当下，所带来的现场感和深切的体验。尽管我们知道媒体会适度地放大和夸张，产生媒体的表演性，而且这种表演还被不断复制、不断循环，表演背后甚至有可能还隐藏着某种商业动机，但这种建筑传播依然不可或缺。基于媒体的新闻专业主义精神和职业操守的规范和制约，大众能接受媒体出于传播效果考虑的适当变形和适度放大。因为，大众传播依然还是大众正视城市和建筑、发出声音的有效通道，观看者在观看中还能寻找到其中真实的余光。

当然，新京报《北京地理》副刊建筑图像传播实践，把事件现场的感知性体验变成绝大部分的媒体化体验时，也提升了媒体自身的文化批评意识和媒体传播的艺术水准。尤其是在图像制作中，始终坚持建构身体的现场性和建筑的在场，把一次性事件现场和媒体化现场合为一体，使得媒体化图像生产和传播成为一种可靠现实。虽然这个现场已经被二度甚至多次创造，但同反复扩展传播所造就的影响力相比，这种一次性是可以被忽略的。

在《北京地理》建筑图像传播实践中，图像的公共性观看意味着私密性被打破，目光就会表现出紧张的关系。但由于媒体的智慧化处理，就把矛盾、紧张、观看和碰触都融于一种关系互补之中。同理，《北京地理》发布的建筑图像中，尽管对此关系有较为充分的暗示，但图像本身应该为大众解读提供更为丰富的信息密码方面显然不够，包括图像内容的表面化和制作过于粗糙等，都暴露了媒体制作团队的艺术感觉和专业技术能力的不足。

新京报《北京地理》副刊十年努力，造就了一个观看的狂欢，这种狂欢依然需要图像与身体共同在场才能实现。就像"在索尔兹伯里约翰与亨利·德·孟德维尔之间，存在着身体政治想象的鸿沟。一个是把城市想象成为有等级的身体生活空间；另一个则把城市想象成一个身体彼此连接的空间"。⑦

注释：

① 于闵梅，《〈北京地理〉时评》，刊于新京报《北京地理》副刊。

② 新京报《北京地理》，编者按：影像的建筑和城市构成的历史想象和现实场景。

③《行为表演美学》，p141，【德】艾利卡·费舍尔·李希特著，余匡复译，华东师大出版社2012年9月版。

④《行为表演美学》，p150，【德】艾利卡·费舍尔·李希特著，余匡复译，华东师大出版社2012年9月版。

⑤《肉体与石头：西方文明中的身体与成熟》，p158，【美】理查德·桑内特著，黄煜文译，上海译文出版社2006年7月版。

⑥《肉体与石头：西方文明中的身体与成熟》，p119【美】理查德·桑内特著，黄煜文译，上海译文出版社2006年7月版。

⑦《肉体与石头：西方文明中的身体与成熟》，p120，【美】理查德·桑内特著，黄煜文译，上海译文出版社2006年7月版。

黄浦江、苏州河双重历史叙事

面对今天的上海城，没有人会否认这过去的30年，是巨变的30年。

30年前的上海，百米宽的浦江流水，把上海浦东浦西区隔成城乡两个世界。那时，两岸难以跨越的不只是我们的双脚，而是沉重的心理负担。每当夕阳西下，夜幕降临，我们隔岸眺望浦东，浦东在夜色笼罩下，唯有涛声依旧，蛙声一片。感觉里，那是一个陌生而遥远的地方。

30 年的时间流速，陆家嘴成了城市的地标。当年，那个被贫困与破败命名的烂泥渡路构成的棚户区联想，早已被高楼林立的陆家嘴建筑奇观所替代。我们穿行在摩天大厦层叠的景观中，眼前一道道风景勾勒的天际线带着我们视线向前延伸，似梦似幻。

艺术家说：优美的曲线来自上帝，简单的直线属于人间。陆家嘴的天际线和现场气氛，构成了直线和曲线的交融，因此，陆家嘴的美是流动的、是天上人间的。陆家嘴已然是浦东的 face——脸面足够高大上。建筑、空间，三维感，充满着力量的线条，画出一条上海最高的天际线。陆家嘴占据的不仅是上海的建筑制高点，而是创建了一个现代大都市的审美标杆，当代城市的边界美学效应得到充分的彰显。

陆家嘴建筑美学建构的速度和高度，足以让创造摩天楼概念的始作俑者柯布西耶也感到惊愕。把城市从平面铺开，到把城市立起来，土地资源节约使用的同时，不断拔高了城市的意向标志，创建了现代大都市的典型符号意义。在巨大的视觉落差中，也不断生产出关于城市的想象空间。而让柯布西耶这位始作俑者绝对想不到，这个建筑实践的宏大奇迹，竟然发生在近一个世纪后的东方。可以说，陆家嘴摩天楼群建构起足够强悍的影响力，但更强悍的却是集聚在这些楼群里的人群。

世界金融中心的名分，是此处几乎汇聚了所有世界级的银行和保险公司。我们没法猜测他们掌控了多少世界金融资产？看上去浮在表面的是这儿每天在流动着大量的钱，其实，比拼的却是这背后的人，是他们轻点键盘就能翻江倒海的力量。正是这批精英人群，才使拔高了的陆家嘴货真价实。

苏州河不同于黄浦江的命运，它注定是细节化的，在城市中转弯抹角缠绕在上海人的生活中，于是，他的小家碧玉让人很愿意亲近、把玩、折腾。他才是市民化的。苏州河一直演绎着上海市民的各种生活故事。

一条河曾经把两岸分隔成两个世界：平民阶层和上流社会。井水不犯河水，随着上海发达，时间逾80年。苏州河就像象棋棋盘上的界河，河两边生活着两个不同的人群，河南岸是上只角，洋人、商人，还有女人；河北岸是下只角，苦力、流民、逃荒者。说着完全不同的语言，过着决然不同的生活，轻易不能越界。苏州河更像是城市的血脉，缓缓流经大半个上海城，还沟通着上海和其他地方。

30年前，苏州河开始震荡。大开大合的拆建，苏州河无奈。摄影机下苏州河变换的丰富影像，是震荡后的实际成果。一路望去，一连串水泥丛林，紧紧挤压着苏州河。苏州河边的原生态消失的同时，也在改变着河边两岸的世界。显然，经济变革改变了政治等级，也重构着文化身份。这种巨变，终于抹平了两岸的历史面貌和现实的心理落差，但这过程却充满着文化暴力，犹如一种历史的回声，让我们心悸。

在黄浦江、苏州河那片泛着灵光的流水里，在飞鸟滑翔的恍惚中，我们正在构建一个上海新的梦想。它不是法国风格，也不是欧洲风尚，更不是北美气象，它应当属于当代上海气质：江天一色，适合想象；天高云淡，适合畅怀；夜色朦胧，适合做梦。

在这儿，一半是看景，一半是看人，因为这儿年轻、摩登，因此，在这儿看也十分艺术。而艺术的生存，不正是哲学家、文学家们花一生心思，不停地在做着的幽思梦吗？

梦回江南，梦回上海，也许是那些远去的哲学大师们不可想象的。这种哲学迷思，可能还会在城市变迁中，继续演绎出一连串新时代的浪漫故事。

如果我们循着这些景观，穿越陆家嘴的高楼大厦和苏州河两岸的水泥森林，我们依然能感受到百年岁月曾经留下的温度。但城市就是在我们的眼光注视下，产生了巨变。虽然物是人非，并不一定人走茶凉。生活在这座城里的人，无论是异乡客还是原住民，愿意找一处地方，经常坐一坐，喝一杯好茶、听一段古曲，会一会窗棂透出的千年斜阳，这个城市就成了你的故乡。当浓缩了一个世纪的名门老楼，仍然释放精神意义时，我们怎能漠视这个城市的存在呢？

一切都在这景观之中：30 年上海城的巨变，说不尽的历史叙事。虽然变与不变依然令人纠结和彷徨，但变的追求一定是这个时代的基本态度。建立人文尺度，基于日常生活中建构起城市美学，上海的美丽年代还将继续上演。

迷离的苏州河印象

　　家住苏州河畔，已经十多个年头了。当年买这处住宅的直接动因，就是受了这条苏州河 S 形河道的诱惑。开发商楼盘盖得真不怎样，唯一做得有质量的一件事，是把这条 S 形河道的平面图，一次次刊登在报纸广告上。

　　苏州河流经上海市区，形成不少河湾，但这个 S 形河道最具特点，连拐两个弯勾勒出一个大 S 形状，怀抱了两个半岛，而两个半岛历史上又形成了两个截然不同的世界。著名的圣约翰大学（现华东政法学院）就占据了一个半岛。当年创建圣约翰大学的规划者，是否看中这天然的河道带来的运气和暗示，我没有考证。但圣约翰大学确实给这个河湾带来了人气，形成了跨度一百多年的河道重要景观。

半岛贴着河面延伸，河面托起绿色葱郁中隐隐约约的暗红色建筑里，天光婆娑中一直深藏着一个谜。每天，圣约翰古老的钟按时响起，在晨晖和暮色中，随着清风远远飘扬，挥洒着浓浓的古意和诗情。这敲打了一百多年的钟声里，曾经走出过很多绅士和淑女。在上海几代人的记忆中，生活中有型有样，有生活腔调的人，一问准是圣约翰的。即使他们老了，依然保持着他们那种讲究生活细节，彬彬有礼，操着纯正严谨的英语，与人见面谈话服饰讲究得体的本色。圣约翰简直就是 100 年来上海滩上流社会的代名词。

与此相对的是在河北岸的另一个半岛却给了曹家村。脚下这个曾命名为"曹家村"的地方，无法考证这个名号的由来。因此，我们不用往复杂方向去想，也许就是一个渔民偶然上岸，看中此地独特的地理位置，落脚此地为生，这个渔民可能姓曹，来自农村，出自一个朴实的名号动机，曹家村就被命名，时间长了，这就成了一个地方。地方形成需要时间和内涵的不断注入。随后的一代代贫困的移民开始自然聚集，一家家拖儿带女，一个个不同口音的人，以混杂的方式在此杂居，形成了当下混乱不堪的生活景象，城不城、乡不乡就是这儿的基本特征。如今，这个地方存在了一百多年，却就有了意义。

显然，一条河两个半岛曾经隔着两个世界：贫民阶层和上流社会。一边是上只角，南岸盛产名流，洋人、商人，还有女人。一边是下只角，北岸集聚苦力、流民、逃荒者。直到20世纪中期，苏州河还像象棋棋盘上的界河，河两边生活着两个不同的人群。操着不同的语言，有着不同的生活方式，轻易不能越界。在过去的那个年代里，如有人试图越界，那大多是以悲剧收场。河水两岸，分水岭很彻底。对立而对峙。

发轫于20世纪80年代末的城市大规模改造，终于给模糊这个边界，创造了可能性。城市改造的滚滚洪流中，身份和地位一日三变。经济变革虽然不能替代政治革命，但绝对能解构政治名号。资本和金钱造就的新话语系统，成为身份建构、改变阶层和地位的天赐良机。当然，改变名号是一回事，可要彻底颠覆这个名分却依然需要时间和漫长历史过程。

因此，如果说陆元敏的苏州河照片还有一种东西可打动我们，那就是里面有曾经的生活和历史。而娄烨的电影《苏州河》，一个完全独立的故事，硬把她按在苏州河边发生，显然是苏州河对导演的勾引，让导演放荡了一次自我感觉。而娄烨的《苏州河》以及周迅出色的表演，还是拍出了至今未有出其右者的苏州河的特殊性。

善于作秀的、自以为是的艺术家们更是一次次以艺术的名义，充当急先锋，开始了对苏州河的任意解读和随意建构。随后纷至沓来的是混淆着不同目的和企图的各色人等，功利地利用着苏州河。苏州河被资本和活着的人随意地肢解和利用，并经受着摧枯拉朽般的突变。

我十分有幸能每天听着圣约翰大学清幽的钟声起床，这河边晨钟清新缭绕，清音远播了近100年。站在自家的阳台上，远远地眺望着这片绿色和赭红色组合的建筑群，心里就安静怡然。随着我移步阳台，眼光从远处圣约翰大学收回，却落在了脚下那片青瓦、破墙、斑驳的一片棚户屋顶上。破落的建筑和屋顶的青瓦，以几何图形不规则的秩序自然排列，显然，这种建筑秩序没有设计，是民间朴实智慧形成的结果。这些建筑元素典型地表达着地方和地域文化特色。看久了，我就会在每天夕阳西下时，细读这些极有秩序，却十分破败的建筑屋顶，关注曹家村屋顶的细节。常令我产生思绪的简单符号，却是屋顶上稀松的枯草，几度春来返青，秋去枯黄。常常掠过惊鸟和春来秋去的雁群，使得这片棚屋有了时间和空间的意义。因此，有不少学界朋友和艺术家在我的阳台上，俯视过这片棚户建筑，他们期望能从政治和艺术的角度，去定义这充满历史沧桑和生活气息的地方。更有一些当代艺术家们，固执地认为，这是历史之手捏出的一个充满矛盾和冲突的艺术装置作品，所以，应该保留。

可艺术毕竟不能替代世俗生活。包括我在内的绝大部分生活在这儿的市民，都急迫期待曹家村尽快消失。

而住在曹家村里面的居民，这种期待更加急迫。事实上，曹家村脏乱差的环境，已经是苏州河上海市区段最让人诟病的地方。那令艺术家们惊喜的成片黑瓦屋顶形式下，实实在在藏匿着这个城市最脏、最乱的生活样本。其基本代名词是贫穷和愚昧。因此，我每天从楼上眺望到楼下走路时，经受着天上人间两重天的复杂感受。大部分搬来此处生活的新房购买者，都经历了徘徊于河边美景和曹家村污垢的难忘困境。

如今旧区改造力量瞬间把曹家村破败的建筑铲除了。可铲除不了我天天站在阳台上，俯视曹家村所产生的那种既怜又厌的复杂感受。当把曹家村与对岸圣约翰大学旧址作为一个整体来看，时间跨度一百多年，形成极大反差的建筑景观，带给我们的那种记忆和怀念中，会飘过阵阵忧伤。

亲近和迷离，是我对苏州河永远的印象。

但突然面对拔地而起，毫无美感的水泥森林时，苏州河更催生迷离、幻觉、虚无……

澳门壁画实践：建构城市
鲜活的文化现场

    弹丸之地的历史名城澳门，长期以来，在市民和大部分外来者的固化意识中，却是一个文化积弱的城市。基本的社会认知是，澳门以博弈业为核心产业，而城市构造和运营，基本都围着这个单一的社会经济模式展开。这种单边的商业模式长期被强化传播，进而形成社会的思维偏见，就必然导出澳门是一个十分物化的商业城市的简单结论。

    面对这种显然带有偏差的大众认知，我们不得不再次思考城市存在的意义。经过数百年的近现代城市化发展，今天的城市对人类来说，到底意味着什么？超越了早期商业、贸易等物质交易的基本形态，城市走到今天，作为现代人生活和活动的空间，其物理空间和生理空间的交合进一步产生心理空间，不约而同都指向人与城市的关系这个核心命题上。城市显然是属于人的城市，如何建构人与城市、如何建构身体与钢筋水泥堆垒起来的建筑之间新型的关系，在水泥森林形成的冷漠的物质空间中，注入鲜活的、温暖的、审美的元素，给社会提供一种带有历史余温、又有当代性审美的文化方式，软化并消解人与建筑的紧张与冲突关系，形成身体与建筑的良性互动，就成为当代城市建设者、管理者、使用者们共同的历史使命和现实需求。

现代城市转型和更新的丰富实践过程中，方法多样。但活化城市空间，传递文化信息，变单一、乏味、冷漠的城市空间为温暖、丰富、有趣的城市空间，其最佳途径，一定还是艺术干预方式。可是，一个城市的艺术干预路径的展开和提升，需要依赖于城市文化内涵的发现、挖掘和有效梳理，作为艺术干预的核心支撑。澳门的核心文化脉络是什么？显然就是积淀在澳门历史中，由外来文化和本地文化汇流并交融，至少有四百多年发展历程的多元文化，如果再往前溯，自然还有更深远的文化出处可考。问题是，这种历史文化一直被遮蔽于历史深处，并不被大众普遍认知的原因又是什么？当然是文化传播力长期不足和文化的大众启蒙不够所致。可见，再丰富深厚的文化内涵也需要有效表达，在对文化的脉络和发展逻辑进行科学的梳理，从中找出文化形态的关键元素的同时，还需要建构一个最合适的表达方式。如何才能打开城市的文化基因，这不但是澳门，也是当今世界上许多城市管理者普遍焦虑的症结所在。

徐凌志教授及其团队多年来的城市壁画实践，其实就给出了答案。把城市壁画作为一个城市文化形象的重要表达方式之一，是澳门城市管理者的明智选择。澳门的历史条件、自然地理的位置、国际化程度等，形成了澳门特定的多元文化形态。而地处海滨，其空气透明度高、色彩鲜亮等视觉效果明显，形成了海天一色与城市空间的有效连接，带给我们的色彩感受和丰富的想象力，就一定会滋生浪漫情绪。而旅游休闲的城市定位，需要轻松和随意，让人们在行走中完成赏心悦目的艺术巡礼，让市民在日常生活过程中享受文化的熏陶，潜移默化地形成对澳门文化的认同感和归宿感，城市壁画确实非常有效。

需要强调的是，城市壁画与建筑一样，其所处公共空间领域，就产生了观看的强制性。尽管壁画载体的物权可能私有，但上面所绘就的壁画，因其强势表达特征，就一定成为公共性质。与城市建筑对应并形成相互补充作用的城市壁画，既关乎城市美学和城市气质，更关乎市民和游客艺术民主权利的实现方式。因此，无论是哪类壁画，都受到公共规则的约束。城市的历史、市民的情感方式、文化和宗教禁忌等，需要被充分尊重。因此，基于艺术创作态度之上的科学规划、国际化视野、精心设计和创作、文化和艺术的高超表达，都是城市品质和市民心理和情感不受伤害的保证。

而作为大众化的一种艺术形式，澳门城市壁画要产生深刻的影响力，表达更广泛，更能反映民意，需要大众的参与和互动。多年来，澳门壁画采取了向市民征集、举行各类创意比赛、有选择地向优秀的创作者约稿等多种民间方式，不但激发了民众的参与性，践行了艺术民主，事实上，也极大地提升了壁画创作的想象力和艺术表达力。澳门民调样本中，市民和旅游者集中度最高的意见，就是对壁画形式的高度认可，这不但肯定了澳门城市壁画的历史选择，也真实地反映了城市壁画能给人带来轻松的文化暗示，产生传递文化和给人轻松娱乐的良好效果。由此可见，在城市与人的关系中，壁画扮演着文化中介的特殊角色。

那么，既然我们选择了壁画，接下来更大的挑战是，如何让上述的文化判断有效落地？作为公共空间的一种文化表征方式的壁画，如何形成精英文化和大众通俗文化的平衡？壁画内容的丰富性与城市建筑载体如何合理衔接？在澳门，我们可喜地看到了不少成功的案例，比如动态与静态表现方式的合理运用、化腐朽为神奇的废旧建筑和公共垃圾桶的美化处理等，都体现了一种基本的美学规范，取得了良好的效果。但文化的表征是多层次和多方位的，需要对接各个层次人们的心理需要和审美需求，一个外来的旅游者需要从中看到澳门的历史、澳门的文化；而一个长居于此的市民却是希望每时每刻能感受到一种愉悦的生活情趣。而民调占比最高的两个结论：内容核心诉求希望多元文化表达，艺术形式希望追求趣味性。这不但对应了上述需求，也从大众心理层面，挑明了未来澳门壁画更大、更长远的发展和作为。

城市壁画作为澳门城市文化建构的战略设计，需要有长远和科学的规划。在操作层面，可分层次、分阶段有序推进。首先需要选择并确定城市重要位置和地标性场所，以描述和表现澳门城市历史和核心文化脉络的壁画为主，作为经典文化表达，这部分需要科学和严谨，要以教科书式的方式传播。这类经典壁画应该相对稳定，甚至应该长期存在，艺术创作更应该高水准；而其他散落在城市各处的壁画，可阶段性、节点性、丰富性考量，选择壁画的内容和形式。这类壁画内容可以不断变化和调整，能让观者不断产生新鲜感和趣味性。当然，城市的污垢地如垃圾桶、或者是在建的建筑工地等场所，需要短期的、动态的、即兴式壁画形式来掩盖其不雅等等。

经过多年的城市壁画实践，澳门显然已走在前列，至少在两岸四地城市中无出其右者。但作为温暖社会，提升公共空间的亲和力，软化城市建筑构成的硬度和冷漠感，城市壁画实践依然大有作为，其过程也一定是长期和充满活力的。因此，我们有理由继续保持对澳门壁画实践的关注和期待。

街道、空间、美术馆：城市气质的体现者

一、街道的人文尺度

前几年，上海的陕西北路被确定为一条不可更改的路，这好像是上海继武康路以后的第三条。从其表征意义上看，这条路被保护的理由是因为有多处历史文化名人故居，其历史记忆和文物价值构成了保护的理由。但我们进一步想，这个历史是怎么形成的？为什么一代又一代的人们，从农村向城市进发？他们到城市追寻什么？除了一些显性的理由，如就业、求学、发展的机会等，其深层次原

因，就是出于人性的本质需求，就是聚众和交流的需求。聚众和交流是一切物质、精神、情感交流的前提，这也就是不可替代的城市的接近性、实体性交流。当年波德莱尔曾经有个著名的诘问：不知是城市集聚了"人群"，还是"人群"造就了城市？也就是质疑这个城市距离与人的关系。交流需要合适的距离，交流才构成有效性。最合适的标准是人性的适度距离！人出于聚合和交流的天性需求，创造了城市空间。而城市的人口密度、亲近性和实地交流，进一步形成创造力和消费力。而这极具想象的创新和交流必须有一个良好的物理空间，这也就创造了街道。街道显然是让人漫步的，只有不紧不慢的漫步，我们才能体验城市街道的神韵。而真正的神韵确是靠街道两侧的人际交流来建构的。这种空间的有效性，保证人和人的近距离碰撞，产生创新的活力，产生可持续的思想、工作、娱乐生产性。因此，如果说，广场的公共性和卧室的私密性构成了人的最基本生存空间的两极，那街道就是介于这两者之间，混合了公共和私密两种特性的空间，这种空间感受更加自由和放松，因此，也构成了最好的交流距离感。正是街道构成了城市的日常关系，并创造了街道美学或又称人性美学。

建立在汽车轮子上的宽街道、宽马路的美国模式，和欧洲适合步行的街道步行模式，就产生了完全不同的价值观。工业革命导致的现代性，更加标准化和简单化的同时，也让人们付出了失去个性和人性的代价。物理距离一定影响到心理距离，比如，上海的延安路、北京路这样很宽的路，不但行人过路都困难？更无从谈起交流性。就像陆家嘴、外滩你看一眼就够了，这些只是城市旅游景观价值，没有同市民建构日常生活价值。街道的宽窄的关系，其实隐含了天地关系、人际关系和身心关系。

二、城市空间的生产性

中国传统艺术早期是紧密融合在生活实践中的，甚至就是文人生活方式的一部分。比如，中国的书画艺术，它首先是一种日常书写，是日常交流需要。然后，才有精神性的内容和表达的注入，逐渐构成另一种价值——艺术价值。当书画从日常性交流上升到艺术层面时，其过程不断叠加人生价值、艺术审美等内涵，同时，也从感性的判断中提炼出理性的判断，其判断基础，依然是书画的谋篇布局，和技术结构、水墨的处理等，依然是对空间的展开和控制能力。因此，中国传统书画其空间感受与建筑、园林等空间布局，有异曲同工之妙。如果我们看书法，不看其笔墨走笔，而关注它的留白，就能感受这种空间构成的魅力。所以，无论是干什么，空间感是一个思维判断的基础，也是价值评判的基础。城市为什么成为人类不二的选择，就是其独特的、充满想象力的空间创造性，并由此进一步构成物质、精神的生产性。而这种生产力的可持续、不断上升的基础，就是保持空间的有效性和更新。而正是在这个基础动力上，美术馆凸显了其特殊的价值。

三、美术馆的历史使命

我们从城市、街道说过来，美术馆无疑是文化艺术浓度最高的城市空间，它不但接通历史与未来，还是接通艺术与生活的特殊空间。但要确保美术馆的文化艺术纯度，保持美术馆的独立的艺术立场和学术标准，其公益性、非盈利的学术机构性质，决定了这是一个需要大投入和至少暂时不讲回报的事业，就凭此，我们要对投资做美术馆的行为保持敬意。

可能会有人质疑，在互联网的无限性和即时性面前，为什么还要兴师动众、大兴土木建这样一个展出量受限的美术馆？美术馆对我们今天生活在互联网时代的人们，到底是否还有价值？关键问题就在这儿。我多次强调，城市创新的活力来自城市的接近性和实体性交流，其可感性和可触摸性，是需要在一个有效的距离中形成，尤其是艺术品，身临其境和有效距离的接触性观看，才能领略艺术真正魅力，就像人们再怎么网恋，最终还得实体接触进而结婚一样。美术馆作为人类文化积淀的一种方式，依然带出来一个人与空间的关系问题。美术馆实质上是在这个城市里面构建了人与艺术、历史的一种有效观看距离。介于历史和现实之间，美术馆一定是有限定性的，其物理空间的有限和定位的有限指向，毕竟只能做出有限的选择，因此，世界上再大的实体美术馆，也都是有限的。关键问题不在于多大（当然，我不否认美术馆需要一定的规模和体量），而在于它与这个城市构成怎样的空间关系，也就是说，它的独特性是否与这个城市的精神文化气质产生呼应？它是否就人类历史和艺术层面，建构起一个我们天天能感受到的一种具有日常性的文化和精神的联系？尼采认为：知识里面最高的形态是艺术，艺术又是生活的最高状态。从这个意义上看，美术馆是一个被提炼和被提升的"街道"。它准确地进行了归纳和聚焦，并在一个特殊节点上，创造了人和空间的有效距离和特殊关系，这就形成了实体美术馆的特殊意义。这种最具张力和包容性的空间的构成，不但支撑着城市气质的形成，也成为城市想象力、创新精神的发源地。显然，在这样一个消费主义盛行的时代，这种空间建构不应被忽略。就如一个台湾建筑师所言：路修得窄一点，人和人才能相遇。如果我们能不断相遇在美术馆，除了能感受到艺术的魅力之外，一定还能感受到浸润着历史感和艺术感的些许温暖。

（此文为喜马拉雅美术馆开馆座谈会上的发言）

作为现象的郎平

——《郎平自传》背后的故事

    《郎平自传》出版距今已过去了19年，相关思考早已封存。2016年奥运会郎平又带领中国女排登上了世界女排的顶峰，这不但激发了大众的兴奋度，也大大刺激了媒体，关于郎平的报道快速占据了许多版面和在线流量。作为现象级人物的郎平，三十多年的人生经历，好像就凝聚成一个精彩的瞬间，持续地感动我们，其内心强大自信的基因到底是什么？当我再次重读《郎平自传》，重温当年我们成书过程中的深入交流，其中还是可以通过她一些重要的人生现象，从郎平这个重要的人生样本中，获得一些启示。

我相信缘分

1997 年秋，我通过我的同学范承玲转交给郎平一封信，大意就是希望与她合作做本书。信发出后不久，朋友带信给我，郎平目前没有出书的愿望，此事就暂时搁下。但我这封朋友般的约稿信却被郎平一直珍藏。

转眼到了 1998 年，我还是搁不下此事，就再次写信，通过范承玲并经杨玛琍（中国体育报记者）顺利转交给郎平。此时，远在美国的郎平，终于给了有意作此尝试的明确回音。并委托何慧娴代替她主持此事。媒体热炒郎平准备出书，使得不少于十多家出版社加入争夺的行列。当时，中国畅销书运作才开始，商业模式和市场都不成熟。因此，作者除了看各社的报价之外，就是综合考量项目执行者的业界地位和出版成就，以及出版社本身的品牌地位。令我意想不到的是，最终郎平选择同我合作的一个十分重要的理由，是我一年前给她的那封约稿信。她明确表示，我是提议她写书的第一人，而且是以朋友身份提出建议，让她印象深刻，她认为这是一种缘分！因此，她没有理由不同我合作。

当郎平决定出书时，何慧娴向郎平推荐了陆星儿。何慧娴认为陆星儿和郎平有很多气质上相似，而郎平也喜欢星儿的散文集《母与子——留给未来的回忆》，尤其是此书封面上，"面对儿子，我常常觉得自己又从头活一遍，抚育着他，同时也在补偿着自己的从前"，这段话让郎平心有同感。这种女人缘，来自她们内心的相互认同感，对生活和情感的体验方式。事实上在长达一年的写作过程中，她们之间的默契是通过很多细节来体现的。因为，写作时间非常紧张，执笔者陆星儿压力很大，有时会有些焦虑，但此时的郎平却表现出豁达，并经常跟星儿开玩笑，约星儿出去吃饭，星儿就释然了。而星儿的仔细与委婉的笔调，正合郎平之意。其实，生活中的郎平心很细，她每次回国，都会记着给我们每个人带上礼物。我至今保留着她送我的那件 1998 年奥运会的纪念T恤，还有那只有郎平和女排几任教练和队员签名送我女儿做纪念的排球。

不忘三个贵人

郎平懂得感恩。她一直说，她人生之路上有三个贵人。第一个贵人是北京少体校的张嫒庆教练。郎平14岁时，北京少体校的女排教练张嫒庆发现了她。当时郎平很瘦，像棵豆芽菜。当张嫒庆看到郎平后，就喜欢上了郎平，她凭直觉就认为郎平是打排球的料。张指导仔细丈量了郎平的身高和比例，并做了身体和反应测试后，决定收下郎平时，却遭到郎平父母的质疑。因为，郎平读书成绩很好，父母的期待是要郎平考进清华大学读书，从没想到让郎平搞体育。可是张指导坚持要收郎平，郎平也想去，最后，郎平的父母作出了妥协，同意郎平试打半年，看效果再定。可郎平是个很能吃苦并有素质的孩子，几个月训练下来，郎平就十分出挑，成为佼佼者。很快就上调北京青年队。在北京青年队没多久，在她18岁那年，被国家队主教练袁伟民相中。

袁伟民就成为她人生路上的第二个贵人。郎平初到国家队时，中国女排的主攻手杨希正当年，杨希长得很像日本影视巨星山口百惠，球打得好，颜值也高，所以她特别受到球迷的喜爱。但袁伟民执意要让郎平打主力主攻手。袁伟民发现郎平有天才般的球感。因为，郎平的身高加上她出色的弹跳力，腿部和腰部、技术和身体的协调性特别好，把技术融入力量中的扣球，成为中国女排的制胜法宝。郎平高高跃起扣球的动作很完美，所以这个标志性动作，曾作为中国女排五连冠纪念邮票的典型艺术符号而定格。其次，郎平非常能吃苦，因为她身材高，一般下三路动作比如倒地接球垫球等就会比较弱，但是郎平苦练下三路，尽量补上这个短板，不让自己换位至后排时，成为对方攻击的软肋。为此，她不断要求袁指导给加练。当然，最重要的还是郎平的思考力，就是用脑打球。对排球运动的理解力，是袁伟民非常赏识她的原因。袁伟民的慧眼和精心培养，成就了郎平的排球成就，事实上，中国女排起用了郎平，才使得中国女排真正登上了世界一流球队的地位。

第三个贵人就是何慧娴。何慧娴作为体育记者，在中国女排崛起的那几年，不但连续撰写了多篇高质量的报道，而且也是中国女排成长的见证者。何慧娴跟郎平接触交流比较多，共同的兴趣和价值观，使她们成了忘年交。郎平二十多岁，刚刚成名，也会碰到许多问题，她都愿意跟何慧娴交流，而何慧娴也确实能给出很合适的建议。在早年打球非常紧张之时，何慧娴给郎平提了两个重要的建议：一个是建议她无论多紧张要坚持记日记，另一个是建议她学英文。恰恰就是这两个建议，奠定了郎平走向世界的基础。因为，记日记让她不断思考，尽管她是运动员，但能感受并琢磨袁伟民指导身上那些特殊的东西。同样，她坚持学习英语，为她出国读书、发展，打下了语言基础。当然，这第三个贵人，也是促成《郎平自传》出版的重要人物。

"我不愿意做官"

此话我们今天听到，都不会感到惊奇。但郎平在1987年作为功勋运动员退役时，她拒绝这种格式化安排，确实是智慧和勇气的体现。当年老女排功勋球员退役，都会安排一个厅局级或处级职位。何况这是20世纪80年代，20、30岁，就官至处级、厅级，这在官本位体制内绝对是一种高配。而且按郎平的成就和能力，她如果接受这种制度化安排，她的仕途应该会走得顺顺当当。但她却拒绝了这种安排，坚持选择出国留学。关于此事，郎平曾在写书时说了一件事，因为郎平的地位和名气，被领导安排去做公关，帮女排基地争取一些资源，此事后来被上级误批，郎平感到很委屈，导致她产生放弃仕途的念头。我认为，这个事件只是一个导火索，一个偶然的巧合，看似她是跳出制度化安排，其实是在争取自身的独立和自由。按她的人生格局和性格，她不会选择格局太小而自由度太低的职业。事实上，她一直在努力坚持学习英语，这都是为出国留学、走国际化发展之路的一个印证。当她选择出国留学，就意味着要放弃用多年的青春和一身伤病换来的地位、名声等诸多现实利益。事实上，把自己彻底归零、重新出发，这条路并不好走。

财务不独立，人格不完整

当郎平到美国读书开始，才真正意识到什么是现实？开始靠朋友接济到打工挣生活费，让郎平才回到真正的现实之中。现实就是财务不独立，人格不完整。所以她一切从头开始，选择适合自己发展的机会。她在书中列出了人生几个重要阶段的收入表：

她当运动员时，出国比赛一次性津贴 15 美元；

1980 年代初，中国女排获得五连冠后，她获得了一次性奖励 1 万元人民币；

1989 年，她选择去意大利摩德纳俱乐部打球，年薪数十万美元。当然，就是在这个时期，她真正体验到为钱打球的艰难和含义。为钱打球不应该视为贬义，为钱打球隐含着一种职业精神，也让人体验到一个真正的职业队员应该具有怎样的职业素质；

1994 年，她在八佰伴世界明星队做教练，年薪 20 万美元。

同样，还有一张郎平第一次回国出任中国女排主教练时的一张工资单：（1998 年 4 月，这是她回国当主教练时）职务工资 409，岗位津贴 260，工龄补贴 115，电话补贴 50，出差津贴 220，交通 30，书报 27，洗理费 4，肉价补贴 7.5，体委补贴 70……应发合计 1311.50；扣款合计 336.95（税金 256.95，伙食费 80）；实发工资 974.55。

所列这些收入，只是从她的经历和体验中，告诉我们，面对和接受现实，活得真实，也是人生的一个境界。

"我不迷信，但我相信有一种超越自我的力量在暗示我"

在郎平的职业经历中，遇到过两个十分难忘的现象。一次是 1998 年带队打奥运会，与韩国队的一场关键小组赛。比赛前一天，开完赛前预备会回到房间时，郎平发现晒在衣架上的袜子少了一只，四处寻找，才发现失踪的一只袜子挂在阳台外部的栏杆上，一根细细的线飘摇在晚风中。当时，郎平心里一紧，特敏感的她，似乎感受到一种暗示。结果是大家根本无法预料的，中国队输了。因为，当时的中国女排的整体实力要好过韩国队，外界普遍认为中国队会赢。队员们处在普遍轻敌状态中，多次提醒仍然无法真正调整好状态。同时，韩国队已退役多年的核心球员、前队长张润喜毫无先兆地突然复出。远在北京十分关注此次中韩之战的袁伟民，还差点误了飞机。这一系列似乎不相关的事情，都出现在一个节点上，形成了难于控制的现象。另一个现象就是郎平在当运动员时，袁伟民指导比赛时总喜欢穿那件毛衣，穿破了还是坚持补一补，继续穿。虽然大家嘴上都不说，但心里都认为那是件给球队带来运气的毛衣。郎平在回忆这些经历时，也一再地强调，她是个普通的人，不是神。

2016 年奥运赛场，印象最深的是郎平的淡定，尤其是在比赛进入高潮或者是最困难的时候，电视画面特写定格郎平，郎平给出的都是十分淡定的脸部暗示。因为，她知道当比赛进入高潮或在比赛的关键节点上，胜负就在一念之间。此时，需要的是冷静和自信。虽然，她的这种职业敏感，来自丰富的比赛和执教经验，但那种急中生智的反应，拿捏十分准确的换人时机把握，似乎是与生俱来的。

当队员处在亢奋和紧张时，郎平的习惯性动作是两手指脑，这和当年袁伟民带队时，双手指脑的标志性动作有异曲同工之妙。这看似是职业素质，其实是人生智慧。所以她的这种淡定，绝对有人生智慧垫底。正是这种智慧之花的不断开放，自信的郎平才创造出属于她自己的那份自由的天空。

（谨以此文纪念英年早逝的女作家陆星儿）

守艺者：守住人类最本质的
智慧和能力

　　每一个民族都有一笔先民留下的精神遗产。手工艺不但是人类产生艺术的基础，更是艺术创造的源头，它也是精神遗产最核心的内容。因为，手工艺是最贴近人的身体的劳作方式，也是人类最初、最本质的艺术表达方式。

　　人类从旧石器进入金属器时代，其进步的重要标志是劳动工具发生了质的变化。金属工具产生，不但开启了人类技术发展的新纪元，提升了劳作的效率，更是给精细化劳动提供了技术支撑。

比技术发展更有意义的是人从爬行到直立行走的身体行为进化。人站立起来，看是身体移动方式的革命，其实是改变了人看世界的方式。低头和抬头，虽然只是一个姿势或一个动作的改变，却产生了观看位置、角度、视野上的本质区别。平视使得人的视域被无限打开，眼中看到的物体不再变形，这就为人的正常的信息判断和认知能力建立提供了身体上的可能性。当身体与外部世界获得充分交流，也催生了大脑的发育。观看并与外部世界万物交流过程，训练并使得大脑获得了对更多信息的获取和处理能力，由此人类进入了思考和有智慧的劳动阶段。随着思维不断深化，就产生了思想，随之思想就转化对物质世界进行改造和利用的实践。紧随着人直立行走的开始，除了开发了人的大脑，同时也解放了前肢。不再用于行走功能的前肢，搁置的结果，就是进一步被挪作他用。时间久了，手被赋予更多的职能，不但适应了各种行为实施的需求，更是思想内容进一步身体化的本质工具。手进化为与大脑同步实施行为、十分灵敏的工具。最终，大脑、手和工具的协调平衡，完成了人从粗糙到精细，从一般劳动向复杂劳动的重大转变。

最初的手工艺，是从手作为工具开始的劳动实践。因为，"手"的诞生，让人类认识到，工具在生存和生产活动中，十分重要。先民们在劳动实践中，曾一次次开发出新的技术。作为生产力的代表，手艺就是人们为生存进而生产的实践成果。绵延流长的手工工艺，显然是产生于民间智慧，发展并慢慢积累而成。当满足了生产需要的手工工艺，不断发育成熟的大脑，就会主导丰富而又复杂的手工艺劳动，转换为实用功能之外的观赏性劳作。一旦有了观赏性需求之后，人的劳动就会升华，对物质材料的使用开发中，叠加更多的审美判断。这就使得手工艺上升为一种艺术形式而被传承。

当历史进入工业革命和后工业革命时代，人的身体行为获得超常规延伸，工具和技术的发展突飞猛进。今天，人工智能、生物技术、大数据、物联网……一个个新的技术概念如雷贯耳，其带来的刺激，犹如摧枯拉朽、疾风劲雨，不断打开人类更多的欲望，因此，我们被历史裹挟在技术的迷思和幻觉中。我们在哀悼手工艺艺术灵韵消失的同时，又陶醉在机器给人类创造的奇迹中。包豪斯创办的初衷，是为了挽救将被机器快速消灭的手工艺艺术，但包豪斯诞生在工业革命时代，依然无法拒绝工业技术的诱惑，最后反而利用了工业革命成果，在建筑设计、平面设计、工业产品设计等诸多实用艺术方面名扬四海。当年本雅明的两难处境就是当代人的现实困境。技术进步已经犹如释放出来的脱缰野马，当技术越来越完整地接管人的身体行为时，人自身的能力逐渐萎缩，身体被进一步放逐。这种把身体交给技术的身体矮化后果，人就越来越机器化和工具化。

开放的世界和多元的文化共生共存，是这个时代的主流特征。但是，在这样一个技术几乎主导着社会发展的进程中，我们需要理性的反思，进而构建起人类生命与技术共存的合理边界。因此，作为人的身体性能力表达方式，逐渐升华为艺术的手工艺，就成为人类需要守护的精神基因。因为，手工艺不但是人类共同的文明成果，更是人类智慧的体现方式。因此，被赋予艺术的命名，正是基于我们共同的认知和认同。从这个意义上而言，我们对手工艺术的当代活化，是对人最本质的能力和智慧的挽救和传承。

当然，守艺并不是守旧。守艺是在先人留下的基本物质和精神中，保留历史的痕迹和身体的温度。当代手工艺术家，他们用自己的实践，发现并活化传统的手工艺技术同时，也为我们打开了一条回溯历史的路径。当然，最好的怀念，是与当代人的思想和审美对接，利用当代技术和新材料，去创造一种新的手工艺。得之于手工艺家的身体劳作，凝聚成共有的工匠精神，物质导向精神的体悟，其感情、思考、创造的一系列过程，完成了他们对历史的一次承诺。在这个非物质遗产保护开发已经上升为国家战略的时代，守艺就是我们对人类创造力的致敬方式，需要守住的是生命过往留下的那份温情和浪漫。

不忘初心

　　观看○○后小朋友孙嘉煜的习作展，这大概是艺术圈朋友们从没有过的艺术体验。而且在上海最高的美术馆——云间美术馆开展，这就更有了构成一个有趣的艺术事件的充分理由。

　　图像是人类的第一语言，也是每个生命降生后的对世界万物的最初认知。因此，人类有天生的图像感受力。出于谦恭，展览自称是一个学生的习作展，但这个看似偶然的画展命名，却意外地碰撞到了艺术发生和发展史中的一个基本规律，即人类绵长的文化和艺术的成长积累过程，其实都是一个习得的过程。因此，"习得"作为一个动词，本身就是指称人类永不停歇的艺术实践活动；如果作为一个名词，它就是艺术活动的现实成果。从这个意义上说，艺术成果就是由一个个习作构成的。一代又一代的艺术实践过程，形成人类丰富的"习得"成就，表现在视觉界面上，就是丰富多元的绘画和图像呈现；而沉淀进思想和文化层面，就成为有概念和逻辑建构的艺术史述。再进一步用当代文化研究的方式观察，个人的艺术活动，完成一个个习作的层级积累和有机组合，在"习得"的基础上再沉淀为社会和艺术常识。而正是这一连串约定俗成的常识，成为了人类交往和交流的基本标准和规则。图像在这个复杂而又长久的历史进化过程中，既作为常识的最直接证据，也再现了人类隐含在艺术画面中丰富独特的生理和心理成长过程。

此次的习作展以素描和水彩画两部分组成。水彩画以风景为主，偶尔有一些人物元素，也只是画者眼中风景的一部分。素描都以人物肖像和动物特写为主。显然作品构成并不复杂。

但绘画者的少年视角和创作意图却有久未谋面的新鲜感。其少年视角与我们观看者的成年人视线，形成了两条交叉又分道的感受线索。所以我们在面对这些稚嫩的习作时，反应和理解的差异错位，甚至研判的多义效果，反而产生一种特殊的好奇和魅力。就像经典文学名著《麦田里的守望者》里所提供的隐喻一样，作家虚拟一个孩子的视角，就产生了孩子眼中的世界与成年人描述的世界形成极大的反差，进而产生了到底哪一个是真实的世界的终极性诘问。

展品中恰好有两幅作品对应了我们上述的思考和判断。一幅命名为"一个女人的习作"，另一幅却无题。"一个女人的习作"，画者给予定义为："这是一个不幸福的女人。"支持其这种主观判断的基本元素包括："海边空旷的沙滩上，一个女人只身孤影的行走，一手提篮，一手掀起裙摆，脸部岁月的痕迹却被精致的妆容所掩盖。"读完这些题注并浏览至此，观者正常的反应，一定会落在只身女人的脸部上，但画者却巧妙地用帽子和色彩暗部，回避了脸部的细节表现。无论画者是故意还是无意的画面处理，客观上是把无法具体化的脸部，意外地留给了观看者们的想象去填补。

事实上，依据少年人的经验，是完全无法还原一个成熟女人的内心的。所以，这幅作品给我们带来的是一种少年维特式的古典浪漫情怀，恰如一个乌托邦的自我感伤。而另一幅无题的画面，用了一个犹如父亲般的成年人手牵女孩构成的明暗对比，用成年人身体暗色的局部，衬托出孩子明亮的色彩，尤其是占据全幅画面中心的孩子身体，依然是呼应了"一个女人的习作"中的身体意念构成的乌托邦式感受，进而生成了成人世界与孩子世界的局部意向式换喻。

有趣的是，画者在"一个女人的习作"题注的最后点题为：这个女人（她者）的不幸福正好与画者（此在者）心中的不开心相遇，所以，画者用自己此在（绘画时）的不开心指代了画面上女人的不幸福。虽然从成年人的视角去看，怎么也看不出"一个女人的习作"中那个女人的不幸福感。而画者也可能是出于一个生活或学习上的琐事而不开心，而这种不开心在成人认知的世界中，根本无法与一个成熟女人的不幸福感产生丝毫关联。但是，少年画者的意识中，他十分主观地指称，其心中的不开心同成年女人的不幸福，构成同样的心理感受，也就是说，心理压强是同级的。这种贯穿人的终身、与生俱来的孤独感，自然就超越年龄和经验，那么，少年画者从自身的体验去揣摩或想象成年人的孤独，这种感觉替代，在艺术逻辑上完全能够成立。虽然画作以成年人的身体符号，来表达画者自认的不幸福，这种艺术表达不免稚嫩，但也恰如《麦田里的守望者》中孩子的提问一样，到底哪种感受更接近于真实？一切都是因人而异，自然结论就不只是一个。

　　展览画作颜色明亮、纯色居多，属于一个少年画者单纯、干净、自然的艺术表达，虽然无法覆盖复杂丰富的外部世界，但却是一个孩子对他所认知世界的内心看法。所有展品都是习作，但我们在面对这些习作时，内心不免会产生对童年回首的渴望。回到孩提时代，就如回到人类的童年，回到艺术的初心。

空间与时间的欢愉

　　宁宁画展，选择在江南梅雨时节，地处上海城市中心的明画廊开展，似乎有一种暗示：关于时间和空间，这个城市与艺术家之间有深刻的默契。因此，展览通过三个系列的连续性出场，展示了两个不同的艺术创作面向而完成，也就有了进一步阐释的可能性。

　　首先是以"剧场"命名的一组作品，艺术家执意选择了以直面空间塑造构成戏剧化的场景，顺利成就了"在现场"的意指倾向。这个空间显然是被意识指涉，具体物件和场景构成的生活空间，被艺术家的观念凝固成一个平面直角的结构性存在。艺术家刻意塑造这个抽象化的空间，生产出这个没有特定时间和地点的"现场"，到底是要表达什么？是过去记忆？是当下体验？是现实存在？或仅仅只是一种故意？

显然，设置一个常识性空间建构，目的是让这个空间与观者的经验对接，是艺术家的主观故意。因此，这个空间不需要更多的元素接入，更不需要具体铺陈展开。虽然，在一个空间性结构中，悬置和隐藏一种故意，有可能遭遇被误读的风险。也许这正是艺术家所想要的阅读结果。极简的画面结构，反而表达出并不单一的元素和内涵的重叠，当下鲜明的日常性符号表意过程中，顺利推导出意识、经验和心理反应的多重性。在由空间构成的画面语义中，输送出足够复杂的意义符号。现实与虚幻、过去与当下的交织，只是艺术家创设的一个视觉通道，在这个故意创设的通道中，需要观者的经验以及不断的观看，解读过程才真正完成。

从立体主义开始，当代艺术一直致力于对传统画面的拆解和重构。"剧场"系列除了结构和物件之外，还通过色彩、光线形成挪移观者心理、情感的视觉进入通道，以单一色彩及其变化，产生强势的光带感，不但强化了空间的稳定性，也凸显了空间的存在感。艺术家有很强的画面结构力和控制力，"剧场"作为一个空间，犹如其内心自然流出的一种平面形式，通过常识性结构规制和日常性物件的固化表现，这种空间感受同观者经验对接，就不会产生任何障碍。显然，艺术家心里十分明白，意义的辨析是观者的权力。所以，从一开始，艺术家就试图借助观看者的经验，来完成时间对空间的换喻。

《下一站》系列，结构进一步融化在色彩和光的相互作用和变化中。记忆中的岁月流逝，往往在我们的意识中，表现着不稳定性。艺术家只是运用了颜色和光的变化，使得固化的空间开始流动起来，显然，旨在引入时间意义。当时间让凝固的空间产生了灵魂，空间也就拥有了时间的深度。一个由空间和时间形成的交互性，使得画面更为完整和充实。虽然《下一站》系列，艺术家更加主观地表达她的时空感，但由于她创设的并不是一个单向的线性模式，因此，作品和观者依然构成一个循环，来来回回地震荡在我们的观感和意识中。

在上述两个系列基础上，第三个"表演"系列，就愈发顺当地完成了建构。在画面中引入人体元素并构成一种新的关系，虚实叠加与重合，新的组合进一步强化了时空感。这种组合的难度在于要形成画面的丰富性和高秩序性，进而产生非物理系的制度性稳定结构。因此，这不但要求元素的适度介入和有机组合，更需要艺术家的意识表达准确和画面控制到位。显然，这组作品，在空间的时间性建构上，通过平面布局有效地凸显了时间的深度意义。

作品中反复运用硬边技术和极简方式，显然是想尽可能抽离个人情绪，成为一个城市和生活冷静的观察者，以追求一种更加普遍的意义。但一旦进入具体的艺术创作过程中，情感的介入是无法拒绝的。正是这种情绪的徘徊，反而成就了画面的丰富性。一切似乎都是恒定的，偶然性情绪依然是艺术发生的机会。这种并不随机产生的情绪，还需要对接艺术家的内心表达。因此，画中柔性笔触依然占据着画面语言的中心地位。同时，展出的三个系列，在我们的凝视中，在时空维度的视觉性之上，形成了向宇宙本真的绘画性递归。艺术家这种水到渠成般的情绪自然溢出，不但回应着这个城市的给予，也回应了自己的内心表达。

往事怎能忘怀?

——我为什么写《我经历的22个出版事件》

我为什么要写《我经历的22个出版事件》? 许多人都会问我这个问题, 言下之意的指向是明确的, 因为我出版的书都很畅销, 作者也都挺有名。事实上, 我退出出版界近20年来, 不少朋友和读者还十分关注我出版过的书和书后面人的故事。这种提问及关注度不断累积, 就产生了习惯性转向, 成为我自身反复提问了。

《我经历的22个出版事件》作为对读者提问的一种

回应方式，其文本效果还需要市场的检验。但我用"事件"来对接大众的阅读期待，既是出于大众现实阅读效果的一种选择，当然，这也是我喜欢的直接表达方式。处在今天的后现代，分享是交流的立场，真诚就是交流的态度。所以，没有比《我经历的22个出版事件》更直接、更好的交流方式了。

数十年的出版职业生涯中，我出版的书，本本都有故事，大小都有动静。像现在红遍半边天的郎平，距我出版她的《郎平自传》已经过去了19年，但郎平以她的素质和能量，持续创造着影响力，而且还越刮越烈，成为近期占据媒体版面和占用流量最多的名人之一。而我出版并奠定余秋雨地位的《文化苦旅》，时间就更久远了，过去都27年了，不但《文化苦旅》一直畅销于世，而且余秋雨名声日隆，话题性仍然很强。我于1999年出版的《沉浮》，是人民日报高级经济记者凌志军的三部力作之一，出版至今也过去了19年，而这19年中，我和他一起共同体验了太多的东西。人和书一起饱经风雨，数度春秋，此书初版不久就遭禁，数年后，几经再版，直至 2012 年，人民日报出版社出版其第三个版本，终于可以定论了。由于个别人的任性和权力傲慢，不但使得《沉浮》事件成为一个荒诞的公案，而且也改变了我和凌志军的人生命运。还有被文化界称为雅皮经典的张耀视觉图书系列，当张耀的视觉暴力一路从台湾刮过来，我顺势在 1999 年就出版了张耀的两个系列，一个是以《咖啡地图》《打开咖啡馆的门》为标杆的咖啡馆文化系列，另一个是《黑白巴黎》《彩色罗马》的大都会系列。作为视觉图书出版的推手，我充分利用了张耀式视觉偏见，实践了一次对大众视觉阅读的启蒙。尽管张耀的图像方式非常自我、十分暴力，但强力阅读之后所带来的阅读的视觉转向，效果却十分明显。咖啡馆视觉图书阅读系列出版，正好迎合了 20 世纪 90 年代，中国当代中产和白领阶层的产生和意识觉醒，咖啡馆自然成为中产炫耀存在感的空间。张耀视觉图书系列，催生了读图时代的快速到来。还有《20 世纪科学家传纪丛书》《20 世纪世界著名作家传纪丛书》等，这些充分事件化的出版后果，不但是身临其境的出版人、作者共同的体验，也成为那个远去的时代留给我们今天的馈赠，让我无法忘怀。

显然，出版是接地气的文化活动，出版人身后必定藏着一部历史。当《文化苦旅》《郎平自传》《沉浮》《咖啡地图》等一系列图书，纷纷荣登畅销书榜单，产生出巨大影响力时，同时也造就了作者和出版者共同的一段历史。辉煌是属于作者、出版人组合成的一个观念和行为共同体。只是我出版的书后面的作者，一直很红，他们用自己的方式，非常有节奏感地把自己变成了一个个现象级人物，人和书互相推波助澜，让事件持续发酵，催生出更多的大众关注度。和作者祸福相依的出版交集，是出版和出版人的历史宿命。

正是出版人的历史宿命感，而产生了自己的内心需求和表达，就成为《我经历的22个出版事件》写作的基本动机。我有幸在20世纪80年代初进入出版业，随后的80—90年代近20年的文化发展黄金期，给了我追求不平庸的出版境界的历史条件和文化环境。用自己的青春岁月伴随一份自己喜欢的职业，理想主义和浪漫主义基本覆盖了我的职业人生。可是理想和现实的差异和冲突，使我在出版生涯中，追求不平庸的过程走得并不轻松，命运也不平静。因此，为了复原这段鲜活的历史，回应大众阅读期待的这种历史书写，就成了出版人的一个历史责任。因为这个历史现场曾经感动过、温暖过我，回忆依然就带着一丝历史的余温。

方寸之地、百年风情

——豫园小校场年画展前言

　　"新年无事快逍遥，行过园中九曲桥。忽听儿童齐拍手，谁家鹞子半天摇。"地处上海城市中心的豫园，珍藏着上海人心中"年"的味道。"过年"，是中国人心中释放快乐的集中表达，"年味"，犹如人生庆典，一年美好的光阴就从过年开始延续和放大。

　　源出苏州桃花坞等传统年画的上海豫园小校场年画，虽然其展现内容并不都是过年，但其传递世间欢乐和吉祥如意的本质，与中国人的过年祈福形成精神上的对接。

喜气与美好的基本叙事方式，自然就成为民间消费的重要符号，并流行开来。

兴盛于清末民初的豫园小校场年画，与中国社会大转型和上海城市生活的形成紧密相关。近代上海开埠，华洋杂陈，东西互动，小校场年画经过短暂的沿袭和复制阶段，很快就开始内容的更新和符号的重建。融合东西文化特质的都市生活，成为小校场年画内容表达的主流，顺利实现了传统绘画技法与现代都市生活的有机结合，并超越了其他年画流派单一的传统符号表达，完成了观念和题材的现代性建构。随着印刷工业和现代传媒的发展，小校场年画分别以月份牌、插画和连环画的方式得以延续，在商业文明的驱动下，这些民间艺术的审美也逐渐国际化。因此，豫园小校场年画，尽管存续时间短暂，却自成一派，不但为我们还原百年前上海世俗生活百态提供了契机，同时，伴随着热闹、欢欣和豫园特殊的场景资源，一起深深嵌入了上海的城市历史和上海市民的集体记忆之中。

1930s

随着工业文明的发展，城市中产阶级成为消费主体，年画顺应时代需求，与日益兴盛的现代媒体谋和，变身为月份牌、插画等新的艺术传播形式，飞机、汽车、唱机、钢琴、电话等工业文明特征的产品，以及游泳、高尔夫运动、选美、电影、洋酒等国际化都市生活方式和文化方式成为月份牌、插画的主体内容来源。这些艺术与商业完美结合的艺术文本，被媒体源源不断生产出来，供大众持续地消费。因此，当年的上海，"城中人爱洋场去，城外人争入庙园"。

1950s

新中国成立后，上海发生了巨大的变化，社会主流价值观重构，低俗的内容被取缔，取而代之的是集体主义精神主导下的群体娱乐活动为主的节庆。低廉的票价和热闹的艺术形式相结合，共同构成大众化的基本过年方式。年味就注入写春联，以及除夕之夜，家人团圆，围炉守岁话新年的世俗生活之中。年画也转型为宣传画，传统的门神及民间故事等内容，很快就被公有制观念、人民生活的现实表达，记录新事物新建设、表达集体意志的广播体操等内容取代。

1980s

改革开放，人民的生活有了翻天覆地的变化，传统的过年方式开始复兴。世俗生活被大众重新唤回，创造出更多元化、个性化的"年味"。除了复归传统的吉利祈福之外，也创造出更多新时代的过年方式，如国家意志表达的过年——至今连续数十年的春节联欢晚会，到更个性化、更品质化的极地旅游度假方式，充分反映了时代的进步和人们品质生活的提升。年画创作更是呈井喷式的爆发，古装戏曲、美女头像、山水风景、时尚生活等题材层出不穷，民俗性、大众性、观赏性、娱乐性显著增强。现代年画成为见证并记录社会进步、当代人们生活质量提高的图像文本。

年画是表达世俗生活的艺术，也是一个民族图像证史的有效文本。豫园小校场年画，不但记录了上海百年前的风情，再现了上海人丰富的生活方式，也印证了上海城市诞生、发展和流变的过程。

"上海的年味——小校场年画展"，不但给上海人催生更浓浓的"年味"，也将给正在复兴的上海老城厢带来温度和生机。每一个来到此地的上海人、中国人、外国友人，能在豫园小校场年画展中找回不应该被遗忘的年味，并在浓浓的乡愁中，找到回家的路。

后　记

　　本书是我的前一部著作《城市化的权力傲慢》的续集。两本书基本完整地呈现了本人城市批评的基本立场和人文态度。《城市化的权力傲慢》更多是从宏观视角，关注和批判城市化过程中的权力滥用和资本的野蛮性；而《城市微空间的死与生》却是以城市微观角度，关注和审视跟我们生活、工作息息相关的微空间改造更新中的各种不合理现象，以及一些社会实践的研判。两本书一以贯之地呼吁，希望在经济和技术维度之上，在时空交替之中，开辟出新的人文尺度。而对人的核心价值的充分尊重，应该成为未来城市、乡镇、农村开发的基本原则。希望城乡空间能给我们的身体和心灵带来持久的舒适和温度。

本书的有些篇目应《东方早报·艺术评论》专版之邀，曾先后刊发于该报的城市评论专栏，正是艺术专版徐佳和编辑的不断催促，才使得我努力写下这些文字。可惜，《东方早报》现已停刊，令人不免心有悲切。另外一些篇目曾刊发于新加坡《联合早报》、《文汇报·文汇学人》专刊，以及其他相关的学术刊物。得益于新加坡《联合早报》资深编辑余云的关注和帮助，其中一些篇目刊发后获得了较好的国际影响。

十分感谢同济大学常务副校长伍江教授百忙之中，不吝笔墨，特为本书作序，使得拙作增色不少。事实上，在城市批评研究实践中，多有与伍江教授交流，也得到过他的许多指点和帮助。最后，我得感谢上海书店出版社副总编辑杨柏伟先生，正是他的慧眼和出版人的专业努力，以及不厌其烦的职业精神，本书才能顺利问世，我的城市批评思想才得以完整呈现。

图书在版编目(CIP)数据

城市微空间的死与生/王国伟著.—上海:上海
书店出版社,2019.4
ISBN 978 - 7 - 5458 - 1766 - 9

Ⅰ.①城… Ⅱ.①王… Ⅲ.①城市化-文集 Ⅳ.
①F291.1 - 53

中国版本图书馆 CIP 数据核字(2019)第 003699 号

责任编辑 杨柏伟 何人越
装帧设计 郦书径

城市微空间的死与生
王国伟 著

出　　版　上海书店出版社
　　　　　(200001　上海福建中路 193 号)
发　　行　上海人民出版社发行中心
印　　刷　苏州市越洋印刷有限公司
开　　本　787×1092　1/32
印　　张　6
版　　次　2019 年 4 月第 1 版
印　　次　2019 年 4 月第 1 次印刷
ISBN 978 - 7 - 5458 - 1766 - 9/F・48
定　　价　35.00 元